Manual Para Ministros

— — ☼ — —

Leobardo Estrada Cuesta

— — ☼ — —

CASA BAUTISTA DE PUBLICACIONES

CASA BAUTISTA DE PUBLICACIONES

Apartado Postal 4255, El Paso, TX 79914 EE. UU. de A.

www.casabautista.org

Ediciones: 1951, 1955, 1960, 1965, 1970, 1973,
1977, 1979, 1981, 1982, 1989, 1993,
1995, 1996, 1998, 1999, 2001
Decimoctava edición: 2006

Clasificación Decimal Dewey: 253.1

Tema: Ministros (Ordenados - Manuales, etc.)

ISBN: 0-311-42019-2
C.B.P. Art. No. 42019

1 M 7 06

Impreso en Colombia
Printed in Colombia

PREFACIO

Esta obrita está escrita con el propósito de ayudar a nuestros pastores y obreros del Señor. Las sugestiones que en ella se encuentran pueden ponerse en práctica o modificarse s e g ú n las circunstancias. Cuando el obrero llega a un nuevo campo, muchas veces se da. cuenta de que algunas cosas no se están haciendo como se debe. En este caso, lo mejor es hacer los cambios que se crea prudente, de una manera paulatina.

El autor de este manual ha leído varios manuales para pastores, y de una manera especial ha tomado como base la obra del Dr. James Randolph Hobbs: "The Pastor's Manual", y ha expresado al mismo tiempo sus propias ideas.

—*L. E. C.*

CONTENIDO

Pacto de una Iglesia

Teniendo la convicción de haber sido inducidos por el Espíritu Santo a aceptar al Señor Jesucristo como nuestro Salvador, y habiendo sido bautizados, en virtud de nuestra profesión de fe, en el nombre del Padre, del Hijo y del Espíritu Santo, ahora, en la presencia de Dios, de los ángeles y de esta congregación, hacemos pacto los unos con los otros, de la manera más solemne y gozosa, como un cuerpo que somos en Cristo.

Prometemos cultivar una devoción familiar y particular;educar religiosamente a nuestros niños; procurar la salvación de nuestros parientes, de nuestras amistades y de toda la humanidad en general; andar con circunspección en el mundo; ser justos en nuestras acciones, fieles en nuestros compromisos e irreprochables en nuestra conducta; evitar la chismografía, la difamación y el excesivo enojo; abstenernos de la venta y uso de las bebidas intoxicantes y ser celosos en nuestros esfuerzos por el engrandecimiento del Reino de nuestro Salvador.

Prometemos, además, cuidarnos los unos a los otros en amor fraternal; recordarnos mutuamente en la oración; ayudarnos unos a otros en las enfermedades y en los infortunios; cultivar la simpatía cristiana en el sentimiento y en la cortesía de la palabra; ser tardos para ofendernos y estar prestos siempre para la reconciliación, abundando en los preceptos de nuestro Salvador para obtenerla sin tardanza.

Prometemos, finalmente, que cuando tengamos que cambiar nuestra residencia a otro lugar, nos uniremos tan pronto como nos sea posible a otra iglesia, en donde podamos continuar desarrollando el espíritu de este pacto y los principios de la Palabra de Dios.

Artículos de Fe

I. Las Escrituras

Creemos que la Santa Biblia fue escrita por hombres divinamente inspirados, y que es tesoro perfecto de instrucción celestial;[1] que tiene a Dios por autor, por objeto la salvación, y por contenido la verdad sin mezcla ninguna de error,[2] que revela los principios según los cuales Dios nos juzgará;[3] siendo por lo mismo, y habiendo de serlo hasta la consumación de los siglos, centro verdadero de la unión cristiana, y norma suprema a la cual se debe sujetar todo juicio que se forme de la conducta, las creencias y las opiniones humanas.

[1] 2 Tim. 3:16, 17. Toda Escritura es inspirada divinamente, y útil para enseñar, para redargüir, para corregir, para instituir en justicia, para que el hombre de Dios sea perfecto, enteramente instruído para toda obra buena. También 2 Ped. 1:21; 2 Sam. 23:2; Hechos 1:16.

[2] Prov. 30:5, 6. Toda palabra de Dios es limpia; es escudo a los que en él esperan. No añadas a sus palabras, porque no te reprenda, y seas hallado mentiroso. También Juan 17:17; Rom. 3:4; Ap. 22:18, 19.

[3] Rom. 2:12. Todos los que en la ley pecaron, por la ley serán juzgados. Juan 12:47, 48. El que

oyere mis palabras... la palabra que he hablado, ella le juzgará en el día postrero. También 1
Cor. 4:3, 4; Luc. 10:10-16; 12:47, 48.

II. El Dios Verdadero

Creemos que las Escrituras enseñan que
hay un Dios viviente y verdadero, y solamente éste; Espíritu infinito e inteli-
gente, cuyo nombre es JEHOVA, Hacedor
y Arbitro Supremo del cielo y de la tierra,[1]
indeciblemente glorioso en santidad,[2] y
merecedor de toda la honra, confianza y
amor posibles;[3] que en la unidad de la Divinidad existen tres personas que son: el
Padre, el Hijo y el Espíritu Santo;[4] iguales
éstos en toda perfección divina, desempe-
ñan oficios distintos, pero que armonizan,
en la grande obra de la redención.

[1] Juan 4:24. Dios es Espíritu. Sal. 147:5. De su entendimiento no hay número. Sal. 83:18. Tu nombre
es Jehová; tú solo Altísimo sobre toda la tierra.
Heb. 3:4; Rom. 1:20; Jer. 10:10.
[2] Exodo 15:11. ¿Quién como tú, magnífico en
santidad? Is. 6:3; 1 Ped. 1:15, 16; Rev. 4:6-8.
[3] Mar. 12:30. Amarás al Señor tu Dios de todo
tu corazón, y de todo tu entendimiento, y de toda
tu alma, y de todas tus fuerzas. Ap. 4:11. Digno
eres, Señor, de recibir gloria y honra y poderío.
Mat. 10:37; Jer. 2:12, 13.
[4] Mat. 28:19. Id, y doctrinad a todos los gentiles,
bautizándolos en el nombre del Padre, del Hijo, y
del Espíritu Santo. Juan 15:26; 1 Cor. 12:4-6.

III. La Caída del Hombre

Creemos que las Escrituras enseñan que
el hombre fue creado en santidad, sujeto
a la ley de su Hacedor;[1] pero que por la

transgresión voluntaria cayó de aquel estado santo y feliz;[2] por cuya causa todo el género humano es ahora pecador,[3] no por fuerza, sino por su voluntad; hallándose por naturaleza enteramente desprovisto de la santidad que requiere la ley de Dios, positivamente inclinado a lo malo, y por lo mismo bajo justa condenación,[4] sin defensa ni disculpa que le valga.[5]

[1] Gén. 1:27. Creó Dios al hombre a su imagen. Gén. 1:31. Vio Dios todo lo que había hecho, y he aquí que era bueno en gran manera. Eccles. 7:29; Hechos 17:26; Gén. 2:16.

[2] Gén. 3:6-24. Vio la mujer que el árbol era bueno para comer, y que era agradable a los ojos, y árbol codiciable para alcanzar la sabiduría; y tomó de su fruto, y comió; y dio también a su marido, el cual comió así como ella. Rom. 5:12.

[3] Rom. 5:19. Por la desobediencia de un hombre los muchos fueron constituídos pecadores. Juan 3:6; Sal. 51:5; Rom. 5:15-19.

[4] Ef. 2:3. Entre los cuales todos nosotros también vivimos en otro tiempo en los deseos de nuestra carne, haciendo la voluntad de la carne y de los pensamientos; y éramos por naturaleza hijos de ira, también como los demás.

[5] Ezeq. 18:19, 20. El alma que pecare, esa morirá. Rom. 1:20. Quedan sin excusa. Rom. 3:19. Para que toda boca se tape, y que todo el mundo se sujete a Dios. Gál. 3:22.

IV. El Camino de Salvación

Creemos que las Escrituras enseñan que la salvación de los pecadores es puramente gratuita,[1] en virtud de la obra intercesoria del Hijo de Dios;[2] quien cumpliendo la voluntad del Padre, se hizo hombre, exento empero de pecado;[3] honró la ley divina con su obediencia personal, y con su muerte dio plena satisfacción por nuestros pecados,[4] resucitando después de entre los muertos, y desde entonces entronizóse en los cielos; que reúne en su persona admirabilísima las simpatías más tiernas y las perfecciones divinas, teniendo así por todos estos motivos las cualidades que requiere un Salvador idóneo, compasivo y omnipotente.[5]

[1] Ef. 2:5. Por gracia sois salvos. Mat. 18:11; 1 Juan 4:10; 1 Cor. 3:5-7; Hechos 15:11.

[2] Juan 3:16. De tal manera amó Dios al mundo, que ha dado a su Hijo unigénito, para que todo aquel que en él cree, no se pierda, mas tenga vida eterna.

[3] Fil. 2:6, 7. Siendo en forma de Dios, no tuvo por usurpación ser igual a Dios: sin embargo, se anonadó a sí mismo, tomando forma de siervo, hecho semejante a los hombres.

[4] Isa. 53:4, 5. Herido fue por nuestras rebeliones, molido por nuestros pecados: el castigo de nuestra paz sobre él; y por su llaga fuimos nosotros curados.

[5] Heb. 7:25. Por lo cual puede también salvar eternamente a los que por él se allegan a Dios, viviendo siempre para interceder por ellos. Col. 2:9. Porque en él habita toda la plenitud de la divinidad corporalmente.

V. La Justificación

Creemos que las Escrituras enseñan que la justificación es el gran bien evangélico que asegura Cristo[1] a los que en él tengan

fe;[2] que esta justificación incluye el perdón
del pecado,[3] y el don de la vida eterna de
acuerdo con los principios de la justicia;
que da esta justificación exclusivamente
mediante la fe en él, y no por consideración
de ningunas obras de justicia que hagamos;
imputándonos Dios gratuitamente mediante esta fe la justicia perfecta de Cristo;[4] que
nos introduce a un estado altamente bienaventurado de paz y favor con Dios, y ahora y para siempre hace nuestros todos los
demás bienes que hubiéremos menester.[5]

[1] Juan 1:16. De su plenitud tomamos todos. Ef.
3:8.

[2] Hechos 13:39. En éste es justificado todo aquel
que creyere. Isa. 3:11, 12; Rom. 5:1.

[3] Rom. 5:9. Justificados en su sangre, por él
seremos salvos de la ira. Zac. 13:1; Mat. 9:6; Hechos 10:43.

[4] Rom. 5:19. Por la obediencia de uno los muchos serán constituídos justos. Rom. 3:24-26; 4:23-
25; Juan 2:12.

[5] Rom. 5:1, 2. Justificados pues por la fe, tenemos paz para con Dios por medio de nuestro Señor Jesucristo: por lo cual también tenemos entrada por la fe a esta gracia en la cual estamos
firmes, y nos gloriamos en la esperanza de la
gloria de Dios.

VI. El Carácter Gratuito de la Salvación

Creemos que las Escrituras enseñan que
el evangelio a todos franquea los bienes de
la salvación;[1] que es deber de todos acep-
tarlos inmediatamente con fe cordial, arre-

pentimiento y obediencia,[2] y que el único
obstáculo para la salvación del peor pecador de la tierra es la perversidad de éste,
y su repulsa voluntaria del evangelio,[3] repulsa que le acarrea condenación agra-
vada.[4]

[1] Isa. 55:1. A todos los sedientos: venid a las
aguas. Ap. 22:17. El que quiere, tome del agua de
la vida de balde.

[2] Hechos 17:30. Dios, habiendo disimulado los
tiempos de esta ignorancia, ahora denuncia a todos los hombres en todos los lugares que se arrepientan. Rom. 16:26; Mar. 1:15; Rom. 1:15-17.

[3] Juan 5:40. No queréis venir a mí, para que
tengáis vida. Mat. 23:37; Rom. 9:32.

[4] Juan 3:19. Esta es la condenación: porque la
luz vino al mundo, y los hombres amaron más las
tinieblas que la luz porque sus obras eran malas.
Mat. 11:20; Luc. 19:27; 2 Tes. 1:8.

VII. La Regeneración

Creemos que las Escrituras enseñan que
para ser salvo hay que ser regenerado o sea
nacer de nuevo;[1] que consiste la regeneración en comunicar al alma el carácter santo;[2] que el poder del Santo Espíritu en unión
de la verdad divina,[3] efectúa la regeneración de una manera que no está al alcance
de nuestra inteligencia, consiguiéndose así
que voluntariamente obedezcamos al evangelio;[4] y se ve evidenciada realmente en los
santos frutos de arrepentimiento, fe y novedad de vida.[5]

[1] Juan 3:3. De cierto, de cierto te digo que el que no naciere otra vez, no puede ver el reino de Dios. Juan 3:6, 7; 1 Cor. 1:14; Ap. 8:7-9; 21:27.

[2] 2 Cor. 5:17. Si alguno está en Cristo, nueva criatura es. Ezeq. 36:26; Deut. 30:6; Rom. 2:28, 29.

[3] Juan 3:8. El viento de donde quiere sopla, y oyes su sonido; mas ni sabes de dónde viene, ni a dónde vaya: así es todo aquel que es nacido del Espíritu. Juan 1:13; Sant. 1:16-18; 1 Cor. 1:30; Fil. 2:13.

[4] 1 Ped. 1:22, 23. Habiendo purificado vuestras almas en la obediencia de la verdad, por medio del Espíritu. 1 Juan 5:1; Ef. 4:20-24; Col. 3:9-11.

[5] Ef. 5:9. El fruto del Espíritu es en toda bondad, y justicia, y verdad. Rom. 8:9; Gál. 5:16-23; Ef. 3:14-21; Mat. 3:8-10; 7:20; 1 Juan 5:4, 18.

VIII. El Arrepentimiento y la Fe

Creemos que las Escrituras enseñan que son deberes sagrados el arrepentimiento y la fe, y asimismo que son gracias inseparables, labradas en el alma por el Espíritu Regenerador Divino;[1] mediante las cuales, profundamente convencidos de nuestra culpa, de nuestro peligro y de nuestra impotencia, como también de lo referente al camino de salvación mediante Cristo,[2] nos volvemos hacia Dios sinceramente contritos, confesándonos con él e impetrando su misericordia; cordialmente reconociendo, a la vez, al Señor Jesucristo como profeta, sacerdote y rey nuestro, en quien exclusivamente confiamos en calidad de Salvador único y omnipotente.[3]

[1] Mar. 1:15. Arrepentíos y creed el evangelio Hechos 11:18. También a los gentiles ha dado Dios arrepentimiento para vida. Ef. 2:8. Por gracia sois salvos por la fe, y esto no de vosotros, pues es don de Dios. 1 Juan 5:1.

[2] Juan 16:8. Redargüirá al mundo de pecado, y de justicia y de juicio. Hechos 2:38. Pedro les dice: Arrepentíos, y bautícese cada uno de vosotros en el nombre de Jesucristo para perdón de los pecados. Hechos 16:30, 31.

[3] Rom. 10:9-11. Si confesares con tu boca al Señor Jesús, y creyeres en tu corazón que Dios le levantó de los muertos, serás salvo. Hechos 3:22, 23; Heb. 4:14.

IX. El Propósito de la Gracia Divina

Creemos que las Escrituras enseñan que la elección es aquel propósito eterno de Dios según el cual misericordiosamente regenera, santifica y salva a los pecadores;[1] que por ser este propósito perfectamente consecuente con el albedrío humano, abarca todos los medios junto con el fin,[2] que sirve de manifestación gloriosísima de la soberana bondad divina;[3] que absolutamente excluye la jactancia, promoviendo la humildad;[4] que estimula al uso de los medios; que puede conocerse viendo sus efectos en todos los que realmente reciben a Cristo;[5] que es fundamento de la seguridad cristiana; y que cerciorarnos de esto, por lo que nos concierne personalmente, exige y merece suma diligencia de nuestra parte.[6]

[1] 2 Tim. 1:8, 9. Sé participante de los trabajos del evangelio, según la virtud de Dios, que nos salvó y llamó con vocación santa, no conforme a nues-

tras obras, mas según el intento suyo y gracia, la cual nos es dada en Cristo Jesús antes de los tiempos de los siglos.

2 2 Tes. 2:13, 14. Nosotros debemos dar siempre gracias a Dios por vosotros, hermanos amados del Señor, de que Dios os haya escogido desde el principio para salud, por la santificación del Espíritu y fe de la verdad: a lo cual os llamó por nuestro evangelio, para alcanzar la gloria de nuestro Señor Jesucristo.

3 1 Cor. 4:7. Por ¿quién te distingue? ¿o qué tienes que no hayas recibido? Y si lo recibiste ¿de qué te glorías como si no hubieras recibido? 1 Cor. 1:26-31; Rom. 3:27.

4 2 Tim. 2:10. Todo lo sufro por amor de los escogidos, para que ellos también consigan la salud que es en Cristo Jesús con gloria eterna. 1 Cor. 9:22; Rom. 8:28, 30.

5 1 Tes. 1:4. Sabiendo, hermanos amados de Dios, vuestra elección.

6 2 Ped. 1:10, 11. Por lo cual, hermanos, procurad tanto más de hacer firme vuestra vocación y elección. Fil. 3:12; Heb. 6:11.

X. La Santificación

Creemos que las Escrituras enseñan que la santificación es aquel procedimiento mediante el cual se nos hace partícipes de la santidad de Dios, según la voluntad de éste;[1] que es obra progresiva;[2] que principia con la regeneración; que la desarrolla en el corazón fiel la presencia y poder del Santo Espíritu, Sellador y Consolador, empleándose continuamente los medios señalados, sobre todo, la palabra de Dios, y también el examen propio, la abnegación, la vigilancia y la oración,[3] practicando todo ejercicio y cumpliendo todo deber piadoso.[4]

[1] 1 Tes. 4:3. La voluntad de Dios es vuestra santificación. 1 Tes. 5:23. El Dios de paz os santifique en todo. 2 Cor. 7:1; 13:9, Ef. 1:4.

[2] Prov. 4:18. La senda de los justos es como la luz de la aurora, que va en aumento hasta que el día es perfecto.

[3] Fil. 2:12. 13. Ocupaos en vuestra salvación con temor y temblor; porque Dios es el que en vosotros obra así el querer como el hacer, por su buena voluntad. Ef. 4:11, 12; 1 Ped. 2:2; 2 Ped. 3:18; 2 Cor. 13:5; Luc. 11:35; 9:23; Mat. 26:41; Ef. 6:18; 4:30.

[4] 1 Tim. 4:7. Ejercítate para la piedad.

XI. La Perseverancia de los Santos

Creemos que las Escrituras enseñan que los verdaderos regenerados, los nacidos del Espíritu, no apostatarán para perecer irremediablemente, sino que permanecerán hasta el fin;[1] que su adhesión perseverante a Cristo es la señal notable que los distingue de los que superficialmente hacen profesión;[2] que por el bien de ellos ve la Providencia especial;[3] y que son custodiados por el poder de Dios para la salvación mediante la fe.[4]

[1] Juan 8:31. Y decía Jesús a los judíos que le habían creído: Si vosotros permaneciereis en mi palabra, seréis verdaderamente mis discípulos. 1 Juan 2:27, 28.

[2] 1 Juan 2:19. Salieron de nosotros, mas no eran de nosotros; porque si fueran de nosotros

hubieran cierto permanecido con nosotros; pero
salieron para que se manifestase que todos no son
de nosotros.

[3] Rom. 8:28. Sabemos que a los que a Dios aman,
todas las cosas les ayudan a bien, es a saber, a los
que conforme al propósito son llamados. Mat. 6:30-
33; Jer. 32:40.

[4] Fil. 1:6. El que comenzó en vosotros la buena
obra, la perfeccionará hasta el día de Jesucristo.
Fil. 2:12, 13.

XII. La Ley y el Evangelio

Creemos que las Escrituras enseñan que
la ley de Dios es la norma eterna e invaria-
ble de su gobierno moral,[1] que es santa,
justa y buena;[2] que la única causa de la
incapacidad para cumplir los preceptos de
ella, atribuída por las Escrituras al hombre
caído, es la naturaleza pecaminosa de éste;[3]
libertarnos de la cual, y restituirnos mediante Intercesor a la obediencia de la santa ley, es uno de los principales objetos pro-
puestos en el evangelio, y también de los medios de gracia relacionados con el estableci-
miento de la iglesia.[4]

[1] Rom. 3:31. ¿Deshacemos la ley por la fe? En
ninguna manera; antes establecemos la ley. Mat.
5:17; Luc. 16:17; Rom. 3:20; 4:15.

[2] Rom. 7:12. La ley a la verdad es santa, y el
mandamiento santo, y justo, y bueno. Rom. 7:7,
14, 22; Gál. 3:21; Sal. 119.

[3] Rom. 8:7, 8. La intención de la carne es ene-
mistad contra Dios; porque no se sujeta a la ley
de Dios, ni tampoco puede. Así que a los que están en la carne no pueden agradar a Dios.

4 Rom. 8:2-4. La ley del espíritu de vida en Cristo Jesús me ha librado de la ley del pecado y de la muerte. Porque lo que era imposible a la ley, por cuanto era débil por la carne, Dios enviando a su Hijo en semejanza de carne de pecado, y a causa del pecado, condenó al pecado en la carne; para que la justicia de la ley fuese cumplida en nosotros, que no andamos conforme a la carne, mas conforme al Espíritu.

XIII. Una Iglesia Evangélica

Creemos que las Escrituras enseñan que una iglesia de Cristo es una agrupación de fieles bautizados,[1] asociados mediante pacto en la fe y la comunión del evangelio;[2] la cual practica las ordenanzas de Cristo;[3] es gobernada por las leyes de éste;[4] y ejerce los dones, derechos y privilegios que a ella otorga la palabra del mismo;[5] y cuyos únicos oficiales bíblicos son el pastor u obispo, y los diáconos;[6] estando definidos los requisitos, derechos y obligaciones de estos oficiales en las epístolas de Pablo a Timoteo y Tito.

[1] Hechos 2:41, 42. Así que, los que recibieron su palabra, fueron bautizados: y fueron añadidos a ellos aquel día como tres mil personas.

[2] 2 Cor. 8:5. A sí mismos se dieron primeramente al Señor, y a nosotros por la voluntad de Dios.

[3] 1 Cor. 11:2. Y os alabo, hermanos, que en todo os acordáis de mí, y retenéis las instrucciones mías, de la manera que os enseñé.

[4] Mat. 28:20. Enseñándoles que guarden todas las cosas que os he mandado. Juan 14:15.

[5] 1 Cor. 14:12. Procurad ser excelentes para la edificación de la iglesia.

[6] Fil. 1:1. Con los obispos y diáconos. Hechos 14:23; 15:22; 1 Tim. 3; Tito. 1.

XIV. El Bautismo Cristiano

Creemos que las Escrituras enseñan que el bautismo cristiano es la inmersión en agua del que tenga fe en Cristo,[1] hecha en el nombre del Padre, del Hijo y del Espíritu Santo;[2] a fin de proclamar, mediante bello emblema solemne, esta fe en el Salvador crucificado, sepultado y resucitado, y también el efecto de la misma fe, a saber, la muerte al pecado y la resurrección a nueva vida del fiel,[3] y que el bautismo es requisito previo para los privilegios de la relación eclesiástica; v.g., la cena del Señor.[4]

Nota: No reconocemos como bautismo bíblico las inmersiones practicadas en iglesias de diferente fe y orden, por la falta de autoridad eclesiástica en su administración. Creemos que tanto el bautismo como la cena del Señor deben administrarse por ministros debidamente ordenados.

[1] Hechos 8:36-39. Dijo el eunuco: He aquí agua; ¿qué impide que yo sea bautizado? Y Felipe dijo: Si crees de todo corazón, bien puedes... y descendieron ambos al agua, Felipe y el eunuco; y bautizóle. Mat. 3:5, 6; Juan 3:22, 23; 4:1, 2; Mat. 28:19.

[2] Mat. 28:19. Bautizándolos en el nombre del Padre, y el Hijo, y el Espíritu Santo. Hechos 10:47, 48; Gál. 3:27, 28.

[3] Rom. 6:4. Somos sepultados juntamente con él a la muerte por el bautismo; para que como Cristo resucitó de los muertos por la gloria del Padre, así

también nosotros andemos en novedad de vida.
Col. 2:12.

4 Hechos 2:41, 42. Así que, los que recibieron su
palabra, fueron bautizados: y fueron añadidas a
ellos como tres mil personas. Y perseveraban en
la doctrina de los apóstoles, y en la comunión y
en el partimiento del pan, y en las oraciones. Mat.
28:19, 20.

XV. La Cena del Señor

Creemos que las Escrituras enseñan que
la cena del Señor es cierta provisión de
pan y vino, que representa el cuerpo y la
sangre de Cristo, y que de ella participan
los miembros de la iglesia reunidos para
el efecto,[1] conmemorando así la muerte de
su Señor,[2] proclamando la fe que le tienen,
su participación en los merecimientos de
su sacrificio, su necesidad de que les su-
ministre vida y nutrimiento espirituales,[3]
y su esperanza de la vida eterna en virtud
de la resurrección de Cristo de entre los
muertos; y que debe preceder a su obser-
vancia el examen detenido de sí propio por
cada participante.[4]

[1] Luc. 22:19, 20. Tomando el pan, habiendo dado
gracias, partió y les dio, diciendo: Esto es mi cuerpo, que por vosotros es dado: haced esto en memoria de mí. Asimismo también el vaso, después que
hubo cenado, diciendo: Este vaso es el nuevo pacto en mi sangre, que por vosotros se derrama. Mar.
14:20-26; Mat. 26:27-30; 1 Cor. 11:27-30; 10:16.

[2] 1 Cor. 11:26. Todas las veces que comiereis este
pan, y bebiereis esta copa, la muerte del Señor
anunciáis hasta que venga. Mat. 28:20.

3 Juan 6:35, 54, 56. Jesús les dijo: Yo soy el pan de la vida. El que come mi carne y bebe mi sangre, en mí permanece, y yo en él.

4 1 Cor. 11:28. Pruébese cada uno a sí mismo, y coma así de aquel pan, y beba de aquella copa.

XVI. El Día del Señor

Creemos que las Escrituras enseñan que es Día del Señor el primero de la semana,[1] y que se le ha de consagrar a los fines religiosos,[2] absteniéndose el cristiano de todo trabajo secular que no sea obra de misericordia y necesidad;[3] valiéndose con devoción de todos los medios de gracia, privados y públicos,[4] y preparándose para el descanso que le queda al pueblo de Dios.

1 Hechos 20:7. El día primero de la semana, juntos los discípulos a partir el pan, Pablo les enseñaba.

2 Exodo 20:8. Acordarte has del día de reposo para santificarlo. Ap. 1:10. Yo fui en el Espíritu en el día del Señor. Sal. 118:24.

3 Isa. 58:13, 14. Si retrajeres del sábado tu pie, de hacer tu voluntad en mi día santo, y al sábado llamares delicias, santo, glorioso de Jehová; y lo venerares, no haciendo tus caminos, ni buscando tu voluntad, ni hablando tus palabras: entonces te deleitarás en Jehová: y yo te haré subir sobre las alturas de la tierra, y te daré a comer la heredad de Jacob tu padre. Isa. 56:2-8.

4 Heb. 10:24, 25. No dejando nuestra congregación como algunos tienen por costumbre. Hechos 13:44. El sábado siguiente se juntó casi toda la ciudad a oír la palabra de Dios.

XVII. El Gobierno Civil

Creemos que las Escrituras enseñan que
existe el gobierno civil por disposición divina, para los intereses y el buen orden de
la sociedad humana;[1] y que por los magistrados debemos orar, honrándolos en conciencia, y obedeciéndoles,[2] salvo en cosas
que sean opuestas a la voluntad de nuestro
Señor Jesucristo,[3] único dueño de la conciencia, y príncipe de los reyes de la tierra.[4]

[1] Rom. 13:1-7. Las potestades que hay, de Dios
son ordenadas . . Los magistrados no son para temor al que bien hace, sino al malo.

[2] Mat. 22:21. Pagad pues a César lo que es de
César, y a Dios lo que es de Dios. Tito 3:1; 1 Ped.
2:13; 1 Tim. 2:1-8.

[3] Hechos 5:29. Es menester obedecer a Dios antes
que a los hombres. Mat. 10:28. No temáis a
los que matan el cuerpo, mas al alma no pueden
matar. Dan. 3:15-18; 6:7, 10; Hechos 4:18-20.

[4] Mat. 23:10. Uno es vuestro Maestro; el Cristo.
Ap. 19:16. En su vestidura y en su muslo tiene escrito este nombre: *Rey de Reyes y Señor de Se-
ñores.* Sal. 72:11; Sal. 2; Rom. 14:9-12.

XVIII. Los Justos y los Impíos

Creemos que las Escrituras enseñan que
hay diferencia radical y esencial entre los
justos y los impíos,[1] que en la estimación
de Dios no hay otros justos verdaderos
aparte de los regenerados; éstos han sido
justificados mediante la fe en Jesucristo, y
santificados por el Espíritu Divino;[2] que, a
los ojos de Dios, son impíos y malditos

cuantos sigan impenitentes e incrédulos;[3] y que es permanente esta diferencia entre unos y otros al morir y después de la muerte.[4]

[1] Mal. 3:18. Hecharéis de ver la diferencia entre el justo y el malo, entre el que sirve a Dios y el que no le sirve. Prov. 12:26; Isa. 5:20; Gén. 18:23; Jer. 15:19; Hechos 10:34, 35; Rom. 6:16.

[2] Rom. 1:17. El justo vivirá por la fe. 1 Juan 2:29. Si sabéis que él es justo, sabed también que cualquiera que hace justicia, es nacido de él. 1 Juan 3:7; Rom. 6:18, 22; 1 Cor. 11:32; Prov. 11:31; 1 Ped. 4:17, 18.

[3] 1 Juan 5:19. Sabemos que somos de Dios, y todo el mundo está puesto en maldad. Todos los que son de las obras de la ley, están bajo de maldición. Juan 3:36; Isa. 57:12; 55:6, 7; Sal. 10:4.

[4] Prov. 14:32. Por su maldad será lanzado el impío: mas el justo en su muerte tiene esperanza. Luc. 16:25. Acuérdate que recibiste tus bienes en tu vida, y Lázaro también males; mas ahora éste es consolado aquí y tú atormentado. Juan 8:21-24; Prov. 10:24; Luc. 12:4, 5; 11:23-26; Juan 12:25-26; Eccles. 3:17.

XIX. El Mundo Venidero

Creemos que las Escrituras enseñan que se acerca el fin de este mundo;[1] que en el día postrero Cristo descenderá del cielo,[2] y levantará los muertos del sepulcro para que reciban su retribución final;[3] que entonces se verificará una separación solemne;[4] que los impíos serán sentenciados al castigo eterno, y los justos al gozo sin fin;[5] y que este juicio determinará para siempre,

sobre los principios de justicia, el estado
final de los hombres, en el cielo o en el
infierno.[6]

[1] 1 Ped. 4:7. El fin de todas las cosas se acerca:
sed pues templados, y velad en oración. 1 Cor. 7:29-
31; Heb. 1:10-12; Mat. 24:35.

[2] Hechos 1:11. Este Jesús que ha sido tomado
desde vosotros arriba en el cielo, así vendrá como
le habéis visto ir al cielo.

[3] Hechos 24:15. Ha de haber resurrección en los
muertos, así de justos como de injustos. 1 Cor.
15:12-58; Luc. 14:14; Dan. 12:2.

[4] Mat. 13:49. Saldrán los ángeles, y apartarán a
los malos de entre los justos. Mat. 13:37-43; 24:30,
31; 25:31-33.

[5] Mat. 25:31-46. Irán éstos al tormento eterno,
y los justos a la vida eterna. Ap. 22:11. El que es
injusto, sea injusto todavía: y el que es sucio, en-
súciese todavía: y el que es justo, sea todavía justificado: santo sea santificado todavía. 1 Cor. 6:9,
10; Mar. 9:43-48.

[6] 2 Tes. 1:6-12. Porque es justo para con Dios
pagar con tribulación a los que os atribulan; y a
vosotros, que sois atribulados, dar reposa con nosotros, cuando se manifestará el Señor Jesús del cielo con los ángeles de su potencia... para ser glo-
rificados en sus santos, y hacerse admirable en
aquel día en todos los que creyeron. Heb. 6:1, 2;
1 Cor. 4:5; Hechos 17:31; Rom. 2:2-16; 20:11, 12; 1
Juan 2:28; 4:17; 2 Ped. 3:11, 12. Como todas estas
cosas han de ser deshechas, ¿qué tales conviene
que vosotros seáis en santas y pías conversaciones,
esperando y apresurándoos para la venida del día
de Dios?

Cómo Organizar una Iglesia

Cuando un grupo de hermanos se encuentra en un lugar en donde no hay una iglesia organizada, o en una ciudad suficientemente grande para tener iglesias en diferentes barrios de la ciudad, dicho grupo debe tener una reunión para que todos de común acuerdo pidan sus cartas de despedida de las iglesias a las cuales pertenecen, explicando el propósito que tienen. Luego este grupo de hermanos debe enviar una circular invitando a varias iglesias de la misma fe y orden, para que sus pastores, misioneros y diáconos formen un concilio para organizar la nueva iglesia. En dicha circular, los hermanos deben decir: 1. El nombre que llevará dicha iglesia. 2. El nombre de la persona que desempeñará el cargo de pastor. 3. Los nombres de otros que serán oficiales, como Secretario, Tesorero y Diáconos. 4. Los nombres de los miembros que formarán dicha iglesia. 5. Las razones por las cuales dichas personas desean organizarse en iglesia.

En la fecha señalada, los representantes de las otras iglesias de la misma fe y orden que han sido invitadas se reunirán. El grupo que desea organizarse, puede nombrar de entre los pastores, misioneros y diáconos visitantes, a los oficiales del concilio, o puede permitir que ellos nombren dichos oficiales. Deben preparar un programa especial principiando con un servicio devocional.

El concilio debe tener un Presidente y un Secretario. Los pastores, los misioneros y los diáconos deben examinar por medio de preguntas a las personas aspirantes a formar la iglesia, o pueden dar un testimonio de lo que ellos sepan respecto de ellas. Después de oír las preguntas y respuestas, los miembros del concilio votarán en pro o en contra de la organización de la mencionada iglesia. El presidente del concilio presentará a la congregación la decisión respectiva y leerá las recomendaciones que se deseen hacer a la nueva iglesia. Alguno de los miembros del concilio debe predicar un corto sermón de inspiración. Luego los oficiales de la naciente iglesia deben pasar al frente para que el presidente del concilio les tome la protesta, con el objeto de que prometan solemnemente delante de Dios, ser fieles a El, a Su Palabra, y a Su Iglesia. Después de cantar algún himno terminará dicha reunión con una oración.

(El secretario del concilio debe pasar en limpio, en un libro nuevo de actas, que tenga el nombre de la iglesia que se acaba de organizar, el acta de la organización, la cual debe estar firmada por todos los que formaron el concilio. También debe incluirse en la misma acta una lista de los miembros de la nueva iglesia.)

Oficiales de la Iglesia

El Pastor

El pastor es el oficial principal de la iglesia. Es un hombre llamado por Dios para predicar Su evangelio, el que teniendo buen testimonio de propios y extraños, y habiendo demostrado su aptitud como predicador y siervo del Señor, ha sido licenciado u ordenado para el santo ministerio de la predicación, y ha sido llamado para pastorear alguna iglesia. En el Nuevo Testamento encontramos las palabras, *anciano* y *obispo,* las cuales pueden sustituirse por la palabra *pastor*.

Se espera que cada pastor imite lo más que pueda al Pastor ideal Cristo Jesús, y que tenga, hasta donde sea posible las cualidades de un pastor, cualidades que están enumeradas en la Primera Carta a Timoteo, capítulo 3:1-7.

"Palabra fiel: Si alguno apetece obispado, buena obra desea. Conviene, pues, que el obispo sea irreprensible, marido de una mujer, solícito, templado, compuesto, hospedador, apto para enseñar; no amador del vino, no heridor, no codicioso de torpes ganancias, sino moderado, no litigioso, ajeno de avaricia; que gobierne bien su casa, que tenga sus hijos en sujeción con toda honestidad; (porque el que no sabe gobernar su casa, ¿cómo cuidará de la iglesia de Dios?) No un neófito, porque inflándose no caiga en juicio del diablo. También conviene que tenga buen testimonio de los extraños, porque no caiga en afrenta y en lazo del diablo."

El Diácono

El diácono es un oficial importante de la iglesia. Los diáconos tienen la responsabilidad de promover las finanzas de la iglesia, así como de cuidar las propiedades de la misma, el templo, la casa pastoral, el terreno para recreación, el edificio para educación cristiana, etc. También cuidar del bienestar moral, material y espiritual de la congregación.

Por mucho tiempo se creyó que el puesto de diácono era permanente, pero no es así. Tampoco el puesto de ministro del evangelio lo es. Cuando se entrega el certificado de ordenación a un diácono o a un pastor, se le debe entregar con la condición de que prometa devolverlo en caso de que así lo pida la iglesia que solicitó su ordenación o la iglesia de donde más tarde sea miembro y ésta declare ya al diácono o ya

al pastor, indignos de tal puesto por causa
de inmoralidad, desequilibrio mental, o falta de honradez en el manejo de dinero, etc.
Cada iglesia tiene derecho de nombrar a
sus diáconos por un año o por más tiempo, y también tiene derecho de pedir la
renuncia a cualquier diácono cuando ella
lo crea prudente. Encontramos las cualidades del diácono en la primera epístola
a Timoteo capítulo 3:8-13:

"Los diáconos asimismo, *deben ser* hones-
tos, no bilingües, no dados a mucho vino,
no amadores de torpes ganancias; que tengan el misterio de la fe con limpia conciencia. Y éstos también sean antes pro-
bados; y así ministren, si fueren sin cri-
men. Las mujeres asimismo, honestas, no
detractoras, templadas, fieles en todo. Los
diáconos sean maridos de una mujer, que
gobiernen bien sus hijos y sus casas. Porque los que bien ministraren, ganan para
sí buen grado, y mucha confianza en la fe
que es en Cristo Jesús."

Una cosa más que debe decirse en cuanto a los diáconos es que algunos creen que
una iglesia cristiana solamente puede tener siete diáconos ni más ni menos. Pero
lo más lógico es que la iglesia tenga tantos
diáconos como necesite. Muchas iglesias no
necesitan los siete, y otras necesitan más
de los siete. Otras procuran tener un diácono por cada veinticinco miembros.

Otros Oficiales

¿Cuántos oficiales debe tener una iglesia? Con frecuencia oímos esta pregunta. Cada iglesia debe tener el número de oficiales que necesite según su organización. Mientras más grande sea la iglesia más complicada se hace su organización y necesita más oficiales. En el funcionamiento de una iglesia hay dos peligros: 1o., el de no poder alcanzar a muchas personas o permanecer siempre con el mismo número de miembros por falta de organización. 2o., el de consagrar todas los esfuerzos a la organización y que todo funcione de una manera mecánica. Esto se debe a que muchas veces tenemos más organizaciones de las que necesitamos. Cada iglesia debe tener una organización que impulse el crecimiento de la misma y tenga al mayor número de los miembros siempre ocupados.

El Secretario

El puesto de Secretario de la iglesia es de suma importancia. Muchas iglesias lamentan no tener los datos necesarios para escribir una historia de sus actividades porque los secretarios o los pastores que han salido de dichas iglesias se han llevado los libros de actas y las listas de miembros. El Secretario de la iglesia debe ser un hermano fiel, consagrado y apto para

escribir las actas de las sesiones. La iglesia
debe comprar libros que pueda usar el secretario durante varios años. Los libros
deben guardarse en el templo en un lugar
seguro. Cuando sea posible, cómprese un
buen archivo que tenga candado. El secretario debe tener una lista completa de
los miembros de la iglesia con la dirección de cada uno y el número de su telé-
fono. También debe anotar el número de
profesiones de fe y bautismos, cada mes,
y hacer un resumen anual de los nuevos
miembros recibidos, de los que han salido
para otras iglesias, del número de defun-
ciones. y de todos los datos sobresalientes.

Ordenación de Pastores y Diáconos

Las iglesias o misiones en donde hay un buen número de hermanos, miembros de alguna iglesia, pueden pedir la ordenación de algún hermano que haya mostrado su consagración y llamamiento al santo ministerio de la predicación del Evangelio de Cristo Jesús. Es una gran falta de ética cristiana pedir uno mismo su ordenación. Si en verdad hemos sido llamados por Dios, la congregación a la cual servimos la pedirá, y si tal congregación no sabe que a ella le toca pedirla, algún misionero podrá sugerírselo.

Después de que la iglesia acuerda pedir la ordenación de algún hermano, aquélla debe enviar circulares a las iglesias de la misma fe y orden que haya cerca del lugar en donde se encuentra dicha congregación. En la circular debe explicarse el propósito de la reunión, la fecha y el lugar de la misma. Los pastores que se reunan serán presentados a la iglesia para proponer que ellos formen el concilio de ordenación. El servicio de ordenación debe principiar con un corto programa de alabanza y adoración. El concilio debe pasar a algún salón del templo para nombrar un presidente, un secretario, un examinador o persona que se encargue de hacer las preguntas al candidato, otra que hable sobre los deberes de la iglesia para con el nuevo pastor, y otra que hable sobre los deberes del pastor para con la iglesia. (Una sola persona puede hacer las dos últimas cosas mencionadas); también debe nombrarse a otra persona para que entregue la Biblia al nuevo pastor (por lo general se pide al predicador más anciano que lo haga, y si hay un pastor ya jubilado, mucho mejor; éste entregará la Biblia y dirigirá unas palabras de aliento al nuevo pastor). Se nombra de antemano a la persona que ha de hacer la oración de ordenación.

Cuando el concilio regresa al salón principal del templo, se le pide al candidato que dé el testimonio de su llamamiento a la predicación del evangelio. Puede pedirse también a alguno de los diáconos o a algún miembro de la iglesia que, si sabe, testifique sobre lo mismo. Luego la persona que haya sido nombrada como examinador hará las preguntas de una manera clara y con voz fuerte para que todos oigan. Las preguntas serán sobre asuntos doctrinales y del gobierno y organización de la iglesia. Debe darse oportunidad para que los otros miembros del concilio o algunos miembros

de la iglesia hagan preguntas, si así lo
desean. Después del interrogatorio, el concilio votará en favor o en contra de la
ordenación del candidato, o puede pedir,
si lo juzga conveniente, que la ordenación
se aplace. Cuando el concilio ha tomado su
acuerdo sobre lo que debe hacerse, presenta su recomendación a la congregación y
ésta vota a favor o en contra de tal recomendación.

Cuando el candidato sale aprobado, se
continúa con el sermón que se relaciona con
los deberes de la iglesia para con el pastor.
Luego se pedirá al candidato que se arro-
dille: los miembros del concilio pondrán sus
manos sobre la cabeza de él, y mientras la
persona indicada ora al Señor pidiendo que
lo bendiga. Después de esta oración de ordenación y de la imposición de manos, puede
hacerse la entrega de la Biblia y predicar-
se el sermón de encargos al nuevo ministro;
en seguida el presidente del concilio le entregará el certificado de ordenación, el cual
estará firmado por todos los ministros que
formaron el concilio. Terminados estos ac-
tos, puede tocarse algún himno adecuado
(como: "Do Tú Necesites que Vaya Iré") y al
mismo tiempo la congregación pasará a fe-
licitar al nuevo ministro.

El sermón de encargos al futuro ministro
y la entrega de la Biblia puede tenerse, si
así se desea, después del sermón de encargos
a la iglesia, y antes de la imposición de ma-

nos y de la oración de ordenación.

La ordenación de un diácono es exactamente lo mismo que la anterior, con excepción de las preguntas que se le hacen: serán en relación con el diaconado; y en la predicación se mencionarán los deberes del diácono hacia la iglesia, y viceversa. También en la ordenación de un diácono, o para licenciar a algún predicador, se permite que los diáconos ordenados que estén presentes formen parte del concilio.

La Iglesia

Sesión de Negocios

Las iglesias pueden tener una sesión de negocios cada mes. Todos los asuntos de la iglesia deben tratarse en estas reuniones para no hablar de negocios en los servicios regulares de oración, de adoración, o de predicación. Cuando haya asuntos urgentes debe citarse a los miembros para una sesión extraordinaria sin alterar los servicios regulares de la iglesia.

El pastor de la iglesia debe presidir estas reuniones. Cuando el pastor quiera tomar parte en una discusión, debe pedir al presidente de los diáconos que tomé su lugar; si éste no está presente, otro de los diáconos puede presidir.

La sesión de negocios debe principiar con un servicio devocional. En seguida el Secretario leerá el acta de la sesión anterior. Luego se rinden los informes del Tesorero, de la Presidente de la Unión Femenil, del Superintendente de la Escuela Dominical, del Director de la Unión de Preparación, o del Presidente de la Unión de Jóvenes, del

Director de la Unión Varonil y del Pastor. Los informes deben ser breves: contendrán los siguientes datos: número de miembros en lista en cada departamento, presentes en cada reunión, promedio de asistencia y ofrendas durante el mes. Después de los informes se da oportunidad para tratar los asuntos pendientes. Al terminar con éstos, se pasa a los asuntos nuevos. Al terminar con todos los asuntos se propondrá que se levante la sesión, y después de cantar algún himno se despedirá a la congregación con una oración.

El pastor y los diáconos deben conocer las leyes parlamentarias para dirigir bien las sesiones de negocios. Cada pastor debe poseer un manual de leyes parlamentarias y enseñárselas a los diáconos.

Servicio de Adoración

Nosotros los evangélicos estamos en contra del ritualismo y del formulismo en los servicios de adoración, pero debemos tener cuidado para que estos servicios sean solemnes. Hay que procurar que haya siempre un espíritu de reverencia y adoración; que el extraño o inconverso encuentre personas interesadas en su bienestar físico y espiritual, y al mismo tiempo disfrute de un deleite verdadero para su alma; que el ambiente sea tal, que cada persona sienta el impulso de derramar su alma en oración a Dios y de escuchar el precioso y sencillo, así como dinámico Evangelio de Cristo Jesús sin pompas ni exageraciones retóricas.

El pastor debe arreglar su programa para el servicio del domingo en la mañana y de en la noche. Si es posible, debe publicar en el boletín de la iglesia el orden de los servicios. En compañía de la persona que dirige el canto congregacional o con el que dirige el coro de la iglesia, debe escoger los himnos que estén relacionados con el tema de la predicación. Sería una cosa muy fuera de orden cantar en un servicio fúnebre el himno: "Firmes y Adelante." Los himnos apropiados para servicios fúnebres son: "Roca de la Eternidad," "Cara a Cara," "Hay un Mundo Feliz más Allá," "En la Mansión do Cristo Está," etc. Es una cosa muy inadecuada cantar himnos cuyo pensamiento sea muy diferente al tema de la predicación.

El servicio del domingo en la mañana, por lo general es más corto que el servicio de en la noche. El pastor debe saber la costumbre de la congregación en cuanto al tiempo que ha de durar cada servicio. Algunas iglesias están acostumbradas a sermones de veinte o treinta minutos, otras congregaciones esperan que el pastor predique de cuarenta y cinco a cincuenta minutos.

Una sugestión para el orden del servicio

del domingo en la mañana es el siguiente:

   a. Preludio.

   b. Doxología.

   c. Oración.

   d. Himno congregacional.

   e. Anuncios.

   f. Bienvenida a las visitas. (Los acomodadores deben repartir tarjetas a los visitantes para que pongan sus nombres y sus direcciones, y el pastor o el secretario de la iglesia, enviará una tarjeta a estos visitantes invitándolos para que sigan asistiendo a los servicios de la iglesia).

   g. Cumpleaños. No todas las iglesias acostumbran pedir que las personas que hayan cumplido años pasen al frente, o que los que han recibido alguna bendición especial, hagan lo mismo. Cuando se practica esta costumbre, el pastor u otro hermano debe guiar a la congregación en una oración de gratitud hacia Dios.

   h. Ofrenda.

   i. Himno Especial.

   j. Sermón.

   k. Invitación.

   l. Bendición.

   m. Postludio.

Por lo general, en los servicios del domingo en la noche se da más tiempo para cantar coritos e himnos congregacionales.

Recepción de Nuevos Miembros

Hay varias cosas de importancia que deben decirse sobre este asunto. Cuando una persona se presenta para hacerse miembro por bautismo y el pastor pide la opinión de la iglesia, hay ocasiones en que pasan varios segundos sin que alguien proponga que se acepte a tal persona como candidato para el bautismo. Esos segundos de silencio hacen que la persona que desea unirse a la iglesia sienta vergüenza o temor de que la congregación tenga dudas en cuanto a su decisión. Algunos pastores no esperan que uno proponga y otro secunde la admisión. No hay regla parlamentaria que lo exija. En ese caso, sólo se pide que los que estén de acuerdo en que dicha persona sea admitida como candidato para el bautismo levanten su mano derecha; después de esto, puede pedirse que si hay personas de opinión contraria que lo manifiesten de la misma manera.

Antes de bautizar a un candidato, el pastor, en compañía de su esposa o de algún diácono, debe explicar bien al candidato el acto del bautismo, los artículos de fe, el Pacto de la Iglesia, los deberes y privilegios de los miembros de la iglesia, etc. Algunas iglesias tienen una Comisión de Instrucción para preparar a los candidatos para el bautismo. Cuando el pastor o esta comisión han hecho su parte y han descubierto que el candidato es idóneo para ser bautizado, deben recomendar a la iglesia que dicha persona sea bautizada. Esto evita que se interrogue al candidato, antes de cumplir con esta ordenanza. El examen del candidato en público, antes de ser bautizado, muchas veces trae discusiones innecesarias y se pierde mucho tiempo. La iglesia debe tener confianza en su pastor o en la comisión de instrucción para la preparación de los candidatos. No debe esperarse que éstos lo comprendan todo, pues por lo general son nuevos en el evangelio. Lo indispensable es que reconozcan su pecado, se arrepientan, y acepten a Cristo como su Salvador personal.

Cuando una persona es bautizada, es mejor esperar hasta el siguiente domingo para darle la bienvenida como miembro de la iglesia. El pastor, después de haber efectuado el bautismo, debe pedir a la congregación que se ponga en pie, y desde el bautisterio despedirla. Cuando se tiene que esperar a que los bautizados y el pastor se cambien de ropa y se arreglen para regresar al salón, se pierde mucho tiempo. Las hermanas, después de haber sido bautizadas, tienen su cabello húmedo y no pueden peinarse bien para estar al frente de la congregación. Es mejor esperar hasta el siguiente domingo para darles la diestra de compañerismo y fraternidad cristianos.

Cuando hay personas que se presentan con el deseo de hacerse miembros de la iglesia por carta, pueden ser aceptadas inmediatamente a reserva de recibir sus cartas. Cuando estas cartas lleguen, el secretario de la iglesia debe decirlo en la sesión regular de negocios. La iglesia entonces ratifica o rectifica la admisión de dichas personas.

Cuando alguna persona desea unirse a la iglesia por experiencia, como por lo general dicha persona es bien conocida por los miembros, puede ser aceptada sin pérdida de tiempo. Cuando hay ciertas dudas o problemas que impiden aceptar a tal hermano, puede ser recibido con la condición de que la iglesia ratifique o rectifique su admisión, en sesión regular de negocios.

Reunión de los Diáconos

Los diáconos de la iglesia deben estar organizados con un presidente y un secretario. Si se cree necesario, puede nombrarse también un vicepresidente. El pastor de la iglesia debe procurar estar presente en todas las reuniones de los diáconos. Estas reuniones deben efectuarse cada mes. Es buena costumbre tenerlas antes de la sesión regular de negocios.

Las reuniones de los diáconos se principian con una oración y una lectura bíblica. Luego se lee el acta anterior para recordar

los asuntos que se trataron y saber si hay
asuntos pendientes que necesiten discutir-
se. Muchas iglesias tienen la costumbre de
encargar a los diáconos para su estudio,
asuntos de suma importancia. Los diáconos
deben orar y meditar en dichos asuntos y
luego hacer alguna recomendación a la
iglesia. La iglesia tiene la autoridad suprema sobre todos sus asuntos, por lo tanto,
puede aceptar o rechazar las recomendaciones que hagan los diáconos.

También los diáconos deben estudiar con
oración todos los problemas de la iglesia,
hacer planes para mejorar el templo, la
casa pastoral, y demás propiedades, y luego recomendarlos a la iglesia en la sesión
de negocios.

Los diáconos deben nombrar cada tres
meses a los que han de estar a la puerta
del templo para recibir a los visitantes.
También a los que se encargarán de recoger las ofrendas. Uno de ellos debe tener a
su cargo la comisión de mejoras materiales.

Reunión del Comité de Finanzas

En muchas iglesias los diáconos están en
función de Comité de Finanzas; pero se necesita que también otras personas formen
parte de él, porque la iglesia debe estar
bien representada en este Comité. El tesorero muchas veces no es un diácono; a veces desempeña este puesto alguna her-

mana de la iglesia. El tesorero debe pertenecer al Comité de Finanzas: de la misma manera, la Presidenta de la Unión Femenil, el Superintendente de la Escuela Dominical, el Director de la Unión de Preparación, y el Presidente de la Unión Varonil.

El Comité de Finanzas debe tener su presidente y su secretario, y reunirse antes de cada sesión regular de negocios de la iglesia. Las reuniones deben principiar con oración y lectura bíblica. Luego se lee el acta anterior, y en seguida el tesorero debe presentar su informe mensual, y los supervisores el suyo; (éstos son nombrados en el Comité de Finanzas, y por lo general son tres; ellos cuentan el dinero que se recoge, lo entregan al tesorero de la iglesia, el tesorero lo cuenta en presencia de los supervisores y les da un recibo por la cantidad recibida.) El tener supervisores es una gran bendición porque el honor del tesorero está respaldado por el trabajo de ellos, y la iglesia siente más confianza en el manejo del dinero.

El tesorero no debe guardar el dinero de la iglesia en su casa. Las iglesias, por más pequeñas que sean, deben abrir una cuenta en el principal banco de la ciudad para que puedan hacer sus pagos por medio de cheques, y no dejar salir ni un centavo de otra manera. Al abrir una cuenta en un banco, deben ir tres miembros del comité de finanzas: el tesorero de la iglesia, el pre-

sidente de los diáconos y el pastor, para que
las tres firmas sean reconocidas por el
banco. Todos los cheques deben ser firma-
dos por dos de estas tres personas.

El Comité de Finanzas debe discutir todos los asuntos que estén relacionados con
el fondo monetario de la iglesia. Este comité debe preparar cada año el presupuesto
respectivo, tomando en cuenta las necesi-
dades y las fuerzas de la iglesia, y hará sus
recomendaciones en sesión de negocios, las
cuales serán ratificadas o rectificadas por
la iglesia.

Reuniones de Oficiales de los Departamentos

Cada departamento debe tener una reunión de todos sus oficiales cada mes. Estas
reuniones son presididas por el presidente o director de cada departamento. Por
ejemplo, cuando se reunen los oficiales y
maestros de la escuela dominical, el superintendente general de la misma, debe presidir. Es bueno tener estas reuniones cada
mes, pero si no es posible esto, cuando menos cada dos meses. Cuando la iglesia no
es muy grande, pueden reunirse en los
hogares de los oficiales y maestros. Allí
se rinden informes del adelanto que se
haya adquirido. Luego se discuten los problemas del departamento respectivo dando
tiempo para que los hermanos sugieran la

manera de resolver dichos problemas. Después se presentan los planes de trabajo y metas para el siguiente mes o trimestre, por el superintendente general. En seguida se darán unos diez o quince minutos a alguno de los hermanos para que presente un corto mensaje de inspiración. Después de la bendición, la persona que recibió a los hermanos, si gusta, puede obsequiar a sus huéspedes algún refresco, o pequeño refrigerio.

Disciplina

Todos sabemos que las iglesias en nuestros tiempos no ejercen la disciplina como la ejercían hace cincuenta años. Esto se debe en parte al gran cambio que hemos experimentado en nuestra sociedad. Muchos de nosotros vivimos en ciudades grandes; algunos de nuestros miembros viven lejos del templo y en diferentes barrios de la ciudad. En los años pasados, todas las familias evangélicas vivían en una comunidad pequeña y pronto se sabía cuando había algún enfermo, o cualquier problema, en uno de los hogares. El pastor podía estar en contacto directo con todas las familias; ahora las iglesias tienen muchos miembros y grandes distancias separan a una familia de otra. Puede suceder que uno o varios miembros se descarríen de la vida cristiana, y que pasen años antes de que la iglesia lo sepa. Así es que cada iglesia, sabiendo lo que dice la Palabra de Dios en cuanto a la disciplina de sus miembros, debe formular un reglamento interno basado en el Nuevo Testamento y ponerlo en manos de cada uno de ellos.

Cuando sea necesario puede nombrarse un Comité de Disciplina. Este Comité debe estar formado por personas consagradas que amen en verdad la obra del Señor y que sepan hacer trabajo personal con amor y paciencia. La primera cosa que esta comisión ha de hacer, es orar por el hermano descarriado, pidiendo la dirección de Dios para traerlo otra vez al redil. Después lo visitarán para pedirle cariñosamente que regrese a la iglesia, si es que se ha ausentado. Hay que hacerle ver el gran amor de Dios por los pecadores y su deseo de perdonar y restaurar al caído.

El pastor puede ayudar en la disciplina de los miembros predicando en contra de los pecados o de las tendencias malas que estén descarriando a los miembros de la iglesia. También cada iglesia debe tener, cuando menos, una o dos series de servicios de avivamiento en el año. Estos servicios sirven para purificarla, para despertar del letargo espiritual a los miembros indiferentes, y para ganar nuevas personas para el reino de Dios.

Concilios

Cuando hay dificultades entre el pastor y la iglesia o problemas entre unos miembros y otros, problemas que no se hayan podido resolver en las reuniones regulares o extraordinarias; o cuando los hay entre iglesias de la misma fe y orden, o entre pastores de la misma denominación, en los que tampoco hayan podido llegar a un acuerdo satisfactorio, y que deseen formar un concilio para resolver estos problemas, deben hacerlo con un espíritu de oración y amor cristiano.

Las dos personas o los dos partidos afectados por el problema, deben nombrar el mismo número de personas para formar el concilio; después las nombradas, elegirán a otra persona más. Por ejemplo, si un partido nombra a 3 personas, el otro nombrará a otras 3, haciendo un total de 6 personas; después estas seis, nombrarán una más, haciendo así que el concilio quede formado por 7 personas. Los dos partidos deben prometer sujetarse a la decisión del concilio, de otra manera, de nada servirá convocarlo.

El concilio se reune y se organiza nombrando a un presidente y a un secretario. Cada partido expondrá sus argumentos y presentará sus pruebas. Luego se dará tiempo para que el concilio delibere en privado sobre el problema que se le haya presentado, y después tome un acuerdo en cuanto a la decisión que deberá presentarse a los partidos que representan. Después de esto el concilio clausurará sus trabajos.

Los miembros del concilio pueden ser pastores, diáconos y laicos de la misma fe y orden nuestros. Los partidos pueden decidir quiénes deben formar el concilio.

Ordenanzas y Administración de las Mismas

En el Nuevo Testamento solamente encontramos dos ordenanzas para las iglesias cristianas. El Bautismo y la Cena del Señor son las dos ordenanzas que nos dejó nuestro Salvador, Cristo Jesús.

a. El Bautismo

Todos sabemos que la palabra bautismo viene de la palabra griega *báptisma* que quiere decir sumergir. También sabemos que la forma del bautismo fue cambiada gradualmente por varios cuerpos religiosos. Nosotros pensamos que nadie tiene derecho de cambiar la forma de las ordenanzas de Cristo. El apóstol Pablo dice que somos sepultados juntamente con Cristo en el bautismo. Comprendemos muy bien qué es sepultar y sabemos que no podríamos sepultar un cuerpo con un puñado de tierra.

Sólo las personas que han reconocido su pecado, que se han arrepentido y han acep-

tado a Cristo Jesús como su Salvador personal, son idóneas para el bautismo. El pastor debe instruir de antemano a los candidatos para que la ceremonia resulte solemne.

Las iglesias deben procurar tener un ca-
lentador de agua porque hay personas que
no soportan el agua fría. Si es posible, deberán tenerse batas blancas tanto para
hombres como para mujeres. Las batas para hombre son cortas, las de mujer son lar-
gas, y en el dobladillo inferior tienen cuatro
o seis piececitas de plomo para que al entrar
al agua, la bata no se levante.

El pastor debe usar una bata blanca corta o un saco obscuro, camisa blanca y corbata. Muchos pastores tienen botas de hu-
le especiales para bautizar. El autor ha
visto que algunos pastores bautizan en ca-
miseta o en camisa con las mangas levan-
tadas, sin corbata y con una toalla sobre
el cuello; quien tal hace, parece un lucha-
dor; pero no un siervo del Señor. Nadie se
atrevería a ir a un servicio fúnebre en ca-
miseta. Ayudemos a solemnizar la ceremonia del bautismo.

Es bueno que el pastor explique a los
candidatos que los va a bajar lentamente
a los aguas para que cuando termine de
decir la fórmula bautismal, sigan respi-
rando hasta que el agua llegue al cuello
del candidato. Entonces el candidato debe

detener la respiración hasta emerger del agua.

La fórmula más popular para el bautismo es la siguiente: Después de que el candidato ha cruzado sus manos sobre el pecho, el pastor lo coge de la muñeca izquierda y levantando su mano derecha sobre la cabeza de éste dice: "*(Nombre del candidato)* en obediencia a mi Maestro y Salvador Cristo Jesús, y tomando en cuenta la profesión de tu fe en El, yo te bautizo, hermano mío (hermana mía) en el nombre del Padre, del Hijo, y del Espíritu Santo. Amén."

El autor de esta obra cree que es mejor que el pastor despida a la congregación desde el bautisterio y se dé la bienvenida a los nuevos miembros el siguiente domingo.

Muchos pastores dejan caer rápidamente a los candidatos en el agua ya porque ésta está fría o porque el candidato está nervioso, o porque el mismo pastor lo esté debido a no poder sumergir bien a la persona porque pese demasiado, etc.; pero hay que procurar hacer esto lo más despacio posible. Nunca se toma un cuerpo y se le deja caer en la sepultura. Si así se hiciera esto causaría risa a algunos, otros se avergonzarían, y otros se enojarían. Lo mismo sucede cuando un pastor deja caer rápidamente al candidato en el bautisterio. El agua salta por todas partes mojando la cara al predicador, y tan rápida es la inmersión que se ve que la persona sumergida levanta los pies en el agua, al mismo tiempo que sus manos buscan con ansiedad algo de qué asirse, y al ser levantada del agua, sale estornudando y con una expresión de desesperación y sorpresa en su rostro. Los niños en lugar de ver la ceremonia con respeto se ríen. Las hermanas más piadosas los ven con gran disgusto, no pocos de los adultos hacen esfuerzos para detener la risa, y el pastor siente vergüenza o bochorno.

Antes de tener los bautismos, al principiar el servicio devocional, el pastor puede pedir a los candidatos que pasen a los primeros asientos. Después de hacer los anuncios y de recoger la ofrenda se puede tener un número especial de canto. Luego el pastor puede hacer alguna de las siguientes lecturas:

"Y en aquellos días vino Juan el Bautista predicando en el desierto de Judea, y diciendo: Arrepentíos que el reino de los cielos se ha acercado. Porque éste es aquel del cual fue dicho por el profeta Isaías, que dijo: Voz de uno que clama en el desierto:

> Aparejad el camino del Señor,
> Enderezad sus veredas.

Y tenía Juan su vestido de pelos de camellos, y una cinta de cuero alrededor de sus lomos; y su comida era langostas y miel

silvestre. Entonces salía a él Jerusalem, y
toda Judea, y toda la provincia de alrededor del Jordán; y eran bautizados de él en
el Jordán, confesando sus pecados. Y viendo él muchos de los Fariseos y de los Sadu-
ceos, que venían a su bautismo, decíales:
Generación de víboras, ¿quién os ha enseñado a huir de la ira que vendrá? Haced
pues frutos dignos de arrepentimiento. Y
no penséis decir dentro de vosotros: A
Abraham tenemos por padre: porque yo os
digo, que puede Dios despertar hijos a
Abraham aun de estas piedras. Ahora, ya
también la segur está puesta a la raíz de
los árboles; y todo árbol que no hace buen
fruto, es cortado y echado en el fuego. Yo
a la verdad os bautizo en agua para arrepentimiento; mas el que viene tras mí, más
poderoso es que yo; los zapatos del cual yo
no soy digno de llevar; él os bautizará en
Espíritu Santo y *en* fuego. Su aventador
en su mano está, y aventará su era: allegará su trigo en el alfolí, y quemará la pa-
ja en fuego que nunca se apagará. Entonces Jesús vino de Galilea a Juan al Jordán,
para ser bautizado de él. Mas Juan lo resis-
tía mucho, diciendo: Yo he menester ser
bautizado de ti, ¿y tú vienes a mí? Empero
respondiendo Jesús le dijo: Deja ahora;
porque así nos conviene complir toda justicia. Entonces le dejó. Y Jesús, después que
fue bautizado, subió luego del agua; y he
aquí los cielos le fueron abiertos, y vio al

Espíritu de Dios que descendía como paloma, y venía sobre él. Y he aquí una voz de los cielos que decía: Este es mi Hijo amado, en el cual tengo contentamiento" (Mateo 3:1-17).

"Empero el ángel del Señor habló a Felipe, diciendo: Levántate y ve hacia el mediodía, al camino que desciende de Jerusalem a Gaza, el cual es desierto. Entonces él se levantó, y fue: y he aquí un Etiope, eunuco, gobernador de Candace, reina de los Etíopes, el cual era puesto sobre todos sus tesoros y había venido a adorar a Jerusalem. Se volvía sentado en su carro, y leyendo el profeta Isaías. Y el Espíritu dijo a Felipe: Llégate y júntate a este carro. Y acudiendo Felipe, le oyó que leía el profeta Isaías, y dijo: Mas ¿entiendes lo que lees? Y él dijo: ¿Y cómo podré, si alguno no me enseñare? Y rogó a Felipe que subiese y se sentase con él. Y el lugar de la Escritura que leía, era éste:

Como oveja a la muerte fue llevado;
Y como cordero mudo delante del que le
(trasquila,
Así no abrió su boca:
En su humillación su juicio fue quitado:
Mas su generación, ¿quién la contará?
Porque es quitada de la tierra su vida.

Y respondiendo el eunuco a Felipe, dijo: Ruégote ¿de quién el profeta dice esto? ¿de sí, o de otro alguno? Entonces Felipe,

abriendo su boca y comenzando desde esta
escritura, le anunció el evangelio de Jesús.
Y yendo por el camino, llegaron a cierta
agua; y dijo el eunuco: He aquí agua;
¿qué impide que yo sea bautizado? Y Felipe dijo: Si crees de todo corazón, bien puedes. Y respondiendo, dijo: Creo que Jesucristo es el Hijo de Dios. Y mandó parar el
carro: y descendieron ambos al agua, Felipe y el eunuco; y bautizóle. Y como subieron del agua, el Espíritu del Señor arreba-
tó a Felipe; y no le vio más el enunco, y
se fue por su camino gozoso" (Hechos 8:26
-39).

"Porque somos sepultados juntamente
con él a muerte por el bautismo; para que
como Cristo resucitó de los muertos por la
gloria del Padre, así también nosotros
andemos en novedad de vida. Porque si
fuimos plantados juntamente en *él* a la
semejanza de su muerte, así también *lo seremos a la* de su resurrección: Sabiendo
esto, que nuestro viejo hombre juntamente
fue crucificado con *él*, para que el cuerpo
del pecado sea deshecho, a fin de que no
sirvamos más al pecado. Porque el que es
muerto, justificado es del pecado. Y si morimos con Cristo, creemos que también viviremos con él; sabiendo que Cristo, habiendo resucitado de entre los muertos, ya
no muere: la muerte no se enseñoreará más
de él. Porque el haber muerto, al pecado
murió una vez; mas el vivir, a Dios vive.

Así también vosotros, pensad que de cierto estáis muertos al pecado (Romanos 6:4-11).

(Algunas veces se puede leer el pacto de la iglesia y los artículos de fe para bien de los candidatos y de los miembros en general).

El pastor predicará un sermón acerca del bautismo. Al terminarlo, pedirá a un diácono que se haga cargo del servicio. Otro de los diáconos, o algún familiar cristiano del candidato lo acompañará y lo ayudará para que se prepare para el bautismo. Si hay mujeres entre los candidatos, se pedirá a alguna hermana que las acompañe. El pastor entra primero al bautisterio. Luego los candidatos serán bautizados uno por uno. No es bueno dejar que todos los candidatos entren en el bautisterio al mismo tiempo porque la congregación se distraerá viendo las diferentes expresiones que ellos revelan, cada vez que uno es bautizado. Después de cada bautismo, debe la congregación cantar la estrofa y el coro de algún himno apropiado o alguno de los hermanos hacer una lectura en relación con el acto. Después de bautizar a los candidatos, el pastor despedirá a la congregación desde el bautisterio.

b. La Cena Conmemorativa del Señor

Hay tres marcadas interpretaciones de la Cena del Señor. La "Iglesia Católica Apostólica Romana" ha enseñado en su teología la transubstanciación. Esto quiere decir que cuando el sacerdote bendice el pan, éste se transforma en carne del cuerpo del Señor, y cuando bendice el vino, éste se transforma en sangre de Cristo. Los que hemos sido católicos, sabemos que la hostia es de harina y después de que el sacerdote la bendice sabe a harina y no a carne. Si un químico analiza los elementos del pan y del vino antes y después de la mencionada bendición, descubrirá que no se ha efectuado el cambio que pretenden los romanistas.

Algunas denominaciones evangélicas que han salido del romanismo creen en la consubstanciación. Creen que el pan es pan y el vino es vino; pero que de alguna manera mística o espiritual, cuando tomamos el pan, el cuerpo de Cristo entra en nosotros y cuando se efectúa la asimilación del pan, el cuerpo de Cristo viene a ser parte de nuestro cuerpo, y que cuando tomamos el vino entra en nosotros la sangre de Cristo y en la asimilación del vino, la sangre de Cristo viene a ser parte de nuestra sangre.

Las iglesias fieles a las Escrituras creen que el pan y el vino simbolizan simplemente el cuerpo y la sangre de nuestro Salvador. La Cena del Señor no es un sacramento como muchos lo enseñan, pues no hay en el pan ni en el vino ninguna gracia salvadora, ni ningún poder místico es-

piritual. Cristo no entra a nuestro ser por
conducto del estómago: entra a morar en
nosotros por medio de la fe. El pan es pan
y el vino es vino, y representan el cuerpo
y la sangre de nuestro Salvador.

Cuando se va a celebrar la Cena del Señor, el presidente de los diáconos y algunos de los otros diáconos, deben preparar
los elementos. Deben lavarse bien las manos y asear bien las copitas del vino. Han de
partir el pan, servir el jugo de la vid y
poner un mantel blanco y limpio sobre la
mesa; colocar allí los elementos menciona-
dos y luego con otro mantel, también blanco, cubrirlos bien para que no les caiga
polvo o sean tocados por algún insecto. En
algunas partes hemos visto que al llegar
la hora de celebrar la Cena del Señor, nada de esto se ha preparado, y ahí, delante
de la congregación, los diáconos empiezan
a abrir las botellas del vino, y con las manos sudadas y después que han saludado a
veinte o más personas, se ponen a partir
el pan dejando en cada pedacito suficientes gérmenes patógenos, causando con esto la peor impresión en los presentes.

Quiero decir una palabra en cuanto al
pan que debe usarse en la Cena del Señor.
Ignoro quién principiaría la costumbre de
usar galletas de sal; esto es un gran error.
El pan que debe usarse en la Cena del Señor debe ser pan sin levadura. Los judíos
de nuestros días usan pan sin levadura pa-

ra celebrar la Pascua. Por lo general, en
nuestras congregaciones hay hermanos que
son panaderos y pueden preparar el pan sin
levadura para no seguir usando galletas de
sal.

El pastor deberá instruir a la congregación para que cuando cada uno reciba el
pan, no lo coma sino hasta que todos hayan sido servidos, para que el movimiento
de llevarlo a la boca, sea simultáneo; de
la misma manera se hará con el vaso.
Cuando los diáconos hayan servido a la
congregación, entregarán al pastor lo que
ha quedado, para que éste les sirva a ellos
y él se sirva a sí mismo. El pedazo de pan
que el predicador parte antes de hacer la
oración, no lo debe volver a poner en el
platillo sino sobre la mesa.

El pan y el vino deben estar cubiertos
con tapaderas de aluminio. Pero cuando
no se tienen estas tapaderas se usa un
mantel como se dijo antes. El pastor debe
evitar hablar ya cuando se han descubierto los elementos de la Cena del Señor.
Muchas veces, sigue hablando por diez o
veinte minutos sin pensar que al hacerlo,
puede arrojar saliva y con ella microbios,
sobre los elementos que se van a repartir.
Al hacer las oraciones, deberá voltear su
rostro hacia la derecha o hacia la izquierda con el fin de evitar el inconveniente
antes mencionado. Para no tener este problema es mejor conseguir las tapaderas

de aluminio o los manteles para tener siempre cubiertos los elementos de la Cena del Señor y que todo se haga con suma limpieza.

Algunas personas preguntan si se debe celebrar la Cena del Señor cada mes, cada dos meses, cada tres meses, etc. Yo creo que si celebramos la Cena del Señor cada mes, pronto perderá para algunos miembros su importancia y su solemnidad. Parece que lo más apropiado es celebrarla cada tres meses y darle la importancia que merece.

Cuando se celebra la Cena del Señor, se principia como en los otros servicios. Después que el predicador ha terminado su sermón, bajará de la plataforma a la mesa que está ya preparada. Pedirá a los diáconos que pasen a la mesa juntamente con él. Si en su sermón no ha explicado que solamente los miembros de iglesia local o de la misma fe y orden pueden participar de la Cena del Señor, debe hacerlo en seguida. Luego puede leer:

"Y vino el día de los ázimos, en el cual era necesario matar la pascua. Y envió a Pedro y a Juan, diciendo: Id, aparejadnos la pascua para que comamos. Y ellos le dijeron: ¿Dónde quieres que aparejemos? Y él les dijo: He aquí cuando entrareis en la ciudad, os encontrará un hombre que lleva un cántaro de agua: seguidle hasta la casa donde entrare. Y decid al padre de la

familia de la casa: El Maestro te dice:
¿Dónde está el aposento donde tengo de
comer la pascua con mis discípulos? Entonces él os mostrará un gran cenáculo
aderezado; aparejad allí. Fueron pues, y
hallaron como les había dicho; y apareja-
ron la pascua. Y como fue hora, sentóse a
la mesa y con él los apóstoles. Y les dijo:
En gran manera he deseado comer con vosotros esta pascua antes que padezca; porque os digo que no comeré más de ella, hasta que se cumpla en el reino de Dios. Y
tomando el vaso, habiendo dado gracias,
dijo: Tomad esto, y partidlo entre vosotros;
porque os digo, que no beberé más del fruto
de la vid, hasta que el reino de Dios venga.
Y tomando el pan, habiendo dado gracias,
partió, y les dio diciendo: Esto es mi cuerpo
que por vosotros es dado: haced esto en
memoria de mí. Asimismo también el vaso,
después que hubo cenado, diciendo: Este
vaso es el nuevo pacto en mi sangre, que
por vosotros se derrama. Con todo eso, he
aquí la mano del que me entrega, conmigo
en la mesa. Y a la verdad el Hijo del hombre va, según lo que está determinado; empero ¡ay de aquel hombre por el cual es
entregado!" (Lucas 22:7-22).

Al terminar la lectura puede decir: "La
Palabra de Dios dice que Cristo tomó el
pan y dio gracias. Oremos." (La oración
puede hacerla el pastor).

Después de la oración, entregará los

platillos con el pan a los diáconos para que lo repartan a los hermanos, pidiendo que se esperen hasta que todos lo puedan comer al mismo tiempo. Luego el pastor dirá:

"Este es el pan que descendió del cielo: no como vuestros padres comieron el maná, y son muertos: el que come de este pan, vivirá eternamente" (Juan 6:58).

Después de comer el pan y tener unos segundos de oración en silencio, el pastor dirá:

En aquella misma noche nuestro Señor tomó la copa y la bendijo, la dio a sus discípulos y dijo: "Esta es mi sangre, la cual es derramada por vosotros" (Luc. 22:20. V. M.) (Oración por el pastor).

En seguida entregará los platillos con las copas de vino a los diáconos. Cuando ya todos están servidos, el pastor sirve a los diáconos, y tomando su propia copa dice:

"Y casi todo es purificado según la ley con sangre, y sin derramamiento de sangre no se hace remisión" (Hebreos 9:22).

"Mas si andamos en luz, como él está en luz, tenemos comunión entre nosotros, y la sangre de Jesucristo su Hijo nos limpia de todo pecado" (1 Juan 1:7).

Después de haber bebido el vino y haber tenido unos segundos de oración en silencio, el pastor dirá:

"Porque todas las veces que comiereis este pan, y bebiereis esta copa, la muerte del

Señor anunciáis hasta que venga" (1 Cor. 11:26).

Dice la Palabra de Dios que después que Cristo y sus discípulos comieron y bebieron el pan y el vino, celebrando así la primera Cena del Señor, cantaron un himno antes de retirarse del aposento alto (Mat. 26:30; Mrc. 14:26). Cantemos un himno y saldremos en silencio para nuestros hogares.

(Algunas iglesias tienen la costumbre de recoger una ofrenda para los enfermos o para los pobres mientras se canta el último himno).

Otros pasajes que pueden ser usados para la celebración de la Cena del Señor, son los siguientes: Mateo 26:17-30; Marcos 14:12-26; 1 Corintios 11:23-29.

Colocación de la Piedra Angular de un Templo

Doxología.
Invocación.
Lectura Bíblica:
"Estando pues Pablo en medio del Areópago, dijo: Varones Atenienses, en todo os veo como más supersticiosos; porque pasando y mirando vuestros santuarios, hallé también un altar en el cual estaba esta inscripción: *Al Dios no conocido*. Aquél pues, que vosotros honráis sin conocerle, a éste os anuncio yo. El Dios que hizo el mundo y todas las cosas que en él hay, éste, como sea Señor del cielo y de la tierra, no habita en templos hechos de manos, ni es honrado con manos de hombres, necesitado de algo; pues él da a todos vida, y respiración y todas las cosas; y de una sangre ha hecho todo el linaje de los hombres, para que habitasen sobre toda la faz de la tierra; y *les* ha prefijado el orden de los tiempos, y los términos de la habitación de ellos; para que buscasen a Dios, si en alguna manera, palpando, le hallen; aunque cierto no está lejos de cada uno de nosotros: Porque en él

vivimos, y nos movemos, y somos; como
también algunos de vuestros poetas dijeron: Porque linaje de éste somos también.
Siendo pues linaje de Dios, no hemos de es-
timar la Divinidad ser semejante a oro, o
a plata, o a piedra, escultura de artificio
o de imaginación de hombres. E m p e r o
Dios, habiendo disimulado los tiempos de
esta ignorancia, ahora denuncia a todos
los hombres en todos los lugares que se
arrepientan: Por cuanto ha establecido
un día, en el cual ha de juzgar al mundo
con justicia, por aquel varón al cual deter-
minó; dando fe a todos con haberle levantado de los muertos" (Hechos 17:22-31).

Himno: "Mi fe descansa en Ti."

Lectura Bíblica:

"Si Jehová no edificare la casa, en vano
trabajan los que la edifican: Si Jehová
no guardare la ciudad, en vano vela la
guarda" (Salmo 127:1).

"Conforme a la gracia de Dios que me ha
sido dada, yo como perito arquitecto puse
el fundamento, y otro edifica encima: empero cada uno vea cómo sobreedifica. Porque nadie puede poner otro fundamento
que el que está puesto, el cual es Jesucristo. Y si alguno edificare sobre este fundamento oro, plata, piedras preciosas, ma-
dera, heno, hojarasca; la obra de cada uno
será manifestada: porque el día la decla-
rará; porque por el fuego será manifestada; y la obra de cada uno cuál sea, el

fuego hará la prueba. Si permaneciere la
obra de alguno que sobreedificó, recibirá
recompensa. Si la obra de alguno fuere
quemada, será perdida: él empero será salvo, mas así como por fuego" (1 Corintios
3:10-15).

"Por lo cual también contiene la Escritura: He aquí, pongo en Sión la principal
piedra del ángulo, escogida, preciosa; y el
que creyere en ella, no será confundido.
Ella es pues honor a vosotros que creéis:
mas para los desobedientes, la piedra que
los edificadores reprobaron, ésta fue hecha la cabeza del ángulo; y piedra de tro-
piezo, y roca de escándalo, a aquellos que
tropiezan en la palabra, siendo desobedientes; para lo cual fueron también ordenados. Mas vosotros sois linaje escogido, real
sacerdocio, gente santa, pueblo adquirido,
para que anunciéis las virtudes de aquel
que os ha llamado de las tinieblas, a su luz
admirable: Vosotros, que en el tiempo pasado no erais pueblo, mas ahora sois pueblo
de Dios; que en el tiempo pasado no ha-
bíais alcanzado misericordia, mas ahora
habéis alcanzado misericordia" (1 Pedro
2:6-10).

"Así que ya no sois extranjeros ni adve-
nedizos, sino juntamente ciudadanos con
los santos, y domésticos de Dios; edificados
sobre el fundamento de los apóstoles y pro-
fetas, siendo la principal piedra del ángulo Jesucristo mismo; en el cual, compagina-

do todo el edificio, va creciendo para *ser*
un templo santo en el Señor: En el cual
vosotros también sois juntamente edificados, para morada de Dios en Espíritu" (Efesios 2:19-22).

El Secretario de la iglesia o la persona
que ha dado el dinero para que se constru-
ya el templo, o el misionero, debe colocar
en el receptáculo de la piedra angular, los
documentos que se deseen. (La primera Biblia que se usó para predicar a la congregación que forma la iglesia, la lista de pastores o misioneros que han trabajado en
dicha iglesia, el acta de la organización,
apuntes de sermones, etc.)

Oración: (Dirigida por el miembro más
antiguo de la congregación o por algún visitante).

Himno:
>"En Jesús mi Salvador,
>Pongo mi confianza;
>En la Roca firme está
>El ancla de mi esperanza."

Sermón: (por la persona invitada para
hacerlo).

El que preside (el mismo que hace las
lecturas bíblicas, con la ayuda de los diáconos u otras personas invitadas, coloca la
piedra angular en su lugar, usando esta
fórmula: "Así como nuestro Señor Jesucristo es la piedra angular de nuestra libertad y salvación, así como el Santo Es-

píritu nos lo ha revelado, y así como el Padre en su gran amor concibió el plan de la redención de la raza humana, yo, por lo tanto, coloco esta piedra angular del templo de la Primera Iglesia Bautista (u otro nombre) de (nombre del lugar), en el nombre del Padre, del Hijo, y del Espíritu Santo. Amén."

Luego dirigiéndose a la congregación dirá: "Que la piedra angular de vuestra fe sea siempre Cristo Jesús, el Hijo de Dios, y Salvador nuestro."

Himno: "Roca de la Eternidad."

Bendición.

Dedicación de un Templo

Preludio.

Oración.

Himno: "Del Culto el Tiempo Llega."

Lectura Bíblica:

"Yo me alegré con los que me decían: A la casa de Jehová iremos. Nuestros pies estuvieron en tus puertas, oh Jerusalem; Jerusalem, que se ha edificado como una ciudad que está bien unida entre sí. Y allá subieron las tribus, las tribus de Jah, *conforme* al testimonio *dado* a Israel, para alabar el nombre de Jehová. Porque allá están las sillas del juicio, las sillas de la casa de David. Pedid la paz de Jerusalem: Sean prosperados los que te aman. Haya paz en tu antemuro, y descanso en tus palacios. Por amor de mis hermanos y mis compañeros. hablaré ahora paz de ti. A causa de la casa de Jehová nuestro Dios, buscaré bien para ti" (Salmo 122:1-9).

Himno: "Iglesia de Cristo."

Lectura Bíblica:

"Entonces dijo Salomón: Jehová ha dicho que él habitaría en la oscuridad. Yo pues he edificado una casa de morada para

ti, y una habitación en que mores para
siempre. Y él dijo: Bendito sea Jehová
Dios de Israel, el cual con su mano ha cumplido lo que habló por su boca a David mi
padre, diciendo: Jehová Dios de Israel, no
hay Dios semejante a ti en el cielo ni en
la tierra, que guardas el pacto y la misericordia a tus siervos que caminan delante de
ti de todo su corazón; ahora pues, oh Jehová Dios de Israel, verifíquese tu palabra
que dijiste a tu siervo David. Mas ¿es verdad que Dios ha de habitar con el hombre
en la tierra? He aquí, los cielos y los cielos
de los cielos no pueden contenerte: ¿cuánto menos esta casa que he edificado? Mas
tú mirarás a la oración de tu siervo, y a su
ruego, oh Jehová Dios mío, para oir el clamor y la oración con que tu siervo ora delante de ti. Que tus ojos estén abiertos sobre esta casa de día y de noche, sobre el
lugar del cual dijiste: Mi nombre estará
allí; que oigas la oración con que tu siervo
ora en este lugar. Tú oirás desde los cielos,
desde el lugar de tu morada, su oración y su
ruego, y ampararás su causa, y perdona-
rás a tu pueblo que pesó contra ti. Ahora
pues, oh Dios mío, ruégote estén abiertos
tus ojos, y atentos tus oídos a la oración
en este lugar. Oh Jehová Dios, levántate
ahora para *habitar en* tu reposo, tú y el
arca de tu fortaleza; sean, oh Jehová Dios,
vestidos de salud tus sacerdotes, y gocen

de bien tus santos" (2 Crónicas 6:1, 2, 4, 14, 17-20, 39-41).

"¡Cuán amables son tus moradas, oh Jehová de los ejércitos! Codicia y aun ardientemente desea mi alma los atrios de Jehová: Mi corazón y mi carne cantan al Dios vivo. Aun el gorrión halla casa, y la golondrina nido para sí, donde ponga sus pollos. En tus altares, oh Jehová de los ejércitos, Rey mío, y Dios mío. Bienaventurados los que habitan en tu casa: Perpetuamente te alabarán. (Selah.) Bienaventurado el hombre que tiene su fortaleza en ti; en cuyo corazón están *tus* caminos. Atravesando el valle de Baca pónenle por fuente, cuando la lluvia llena las estanques. Irán de fortaleza en fortaleza, verán a Dios en Sión. Jehová Dios de los ejércitos, oye mi oración: Escucha, oh Dios de Jacob (Selah). Mira, oh Dios, escudo nuestro, y pon los ojos en el rostro de tu ungido. Porque mejor es un día en tus atrios que mil *fuera de ello:* Escogería antes estar a la puerta de la casa de mi Dios, que habitar en las moradas de maldad. Porque sol y escudo es Jehová Dios: Gracia y gloria dará Jehová: No quitará el bien a los que en integridad andan. Jehová de los ejércitos, dichoso el hombre que en ti confía" (Salmo 84:1-12).

"Eperamos tu misericordia, oh Dios, en medio de tu templo. Conforme a tu nombre, oh Dios, así es tu loor hasta los fines de la tierra: De justicia está llena tu diestra. Alegráráse el monte de Sión; se gozarán las hijas de Judá por tus juicios. Andad alrededor de Sión, y rodeadla: Contad tus torres. Poned vuestro corazón a su antemuro, mirad sus palacios; para que lo contéis a la generación venidera. Porque este Dios es Dios nuestro eternalmente y para siempre: En nos capitaneará hasta la muerte" (Salmo 48:9-14).

Oración de Gratitud.

(Si se va a recoger una ofrenda especial para terminar de pagar el templo, se hará la siguiente lectura):

"Esto empero *digo*: El que siembra escasamente, también segará escasamente; y el que siembra en bendiciones, en bendiciones también segará. Cada uno *dé* como propuso en su corazón: no con tristeza, o por necesidad; porque Dios ama el dador alegre. Y poderoso es Dios para hacer que abunde en vosotros toda gracia; a fin de que, teniendo siempre en todas las cosas todo lo que basta, abundéis para toda buena obra: Como está escrito: Derramó, dio a los pobres; su justicia permanece para siempre. Y el que da simiente al que siembra, también dará pan para comer y multiplicará vuestra sementera, y aumentará los crecimientos de los frutos de vuestra justicia; para que estéis enriquecidos en todo para toda bondad, la cual obra por nosotros hacimiento de gracias a Dios.

Porque la suministración de este servicio, no solamente suple lo que a los santos falta, sino también abunda en muchos hacimientos de gracias a Dios: Que por la experiencia de esta suministración glorifican a Dios por la obediencia que profesáis al evangelio de Cristo, y por la bondad de contribuir para ellos y para todos; asimismo por la oración de ellos a favor vuestro, los cuales os quieren a causa de la eminente gracia de Dios en vosotros. Gracias a Dios por su don inefable" (2 Corintios 9: 6-15).

Se recoge la ofrenda.

Himno Especial.

Sermón.

Oración de Dedicación.

Lectura Bíblica:

"Una cosa he demandado a Jehová, ésta buscaré: Que esté yo en la casa de Jehová todos los días de mi vida, para contemplar la hermosura de Jehová, y para inquirir en su templo. Porque él me esconderá en su tabernáculo en el día del mal; ocultaráme en lo reservado de su pabellón; Pondráme en alto sobre una roca" (Salmo 27:4, 5).

Himno.

Bendición.

Postludio.

Ceremonias Nupciales

Todos los pastores deben tener cuando menos dos ceremonias nupciales, una corta y una más extensa. Las parejas a veces piden que la ceremonia sea corta, otras veces desean que dure más tiempo.

En los Estados Unidos de América los ministros pueden casar, pues las leyes les conceden hacer las veces de un juez civil. En los países donde el gobierno no permite que los ministros casen, la ceremonia que se tenga en el templo será para que los cónyuges ratifiquen sus votos de lealtad mutua, ante la iglesia a que pertenezcan.

El ministro, en E. U. de A., debe tener en su poder la licencia de matrimonio, por lo tanto debe pedirla a los cónyuges un día antes de la ceremonia para estar seguro de tenerla a la hora indicada.

Por lo general, antes de tener una ceremonia nupcial se practica la entrada y la salida de los que van a participar en dicha ceremonia. Muchas veces se le pedirá al ministro que él diga la manera de hacerlo y hacemos la siguiente sugestión:

El ministro debe estar en el cuarto del

lado izquierdo del púlpito; el novio y el
que acompaña al novio (el testigo de honor o padre del joven) en el cuarto del
lado derecho. La pianista toca un preludio apropiado. (También se puede pedir que
alguna persona cante). Luego la pianista
toca la "Marcha Nupcial" de R. Wagner.
El ministro, el novio y el testigo de honor
marchan lentamente hacia el frente hasta
quedar el ministro dando la espalda al púlpito; y el novio y su acompañante dando
la espalda al público mirando hacia el ministro. Luego las damas entran una por
una por el pasillo del lado izquierdo y los
chambelanes por el pasillo del lado derecho o a la izquierda del ministro. Al llegar
al frente deberán formar un semicírculo
mirando hacia la congregación. Después
entra el paje (el niño que trae los anillos),
por el pasillo del lado izquierdo, seguido por la damita (la niña que trae un ca-
nastito con pétalos de flores blancas que
va regando por el camino). Luego detrás
de la damita entra la dama de honor. Detrás de ella entra la novia acompañada de
su padre o del pariente que la va a entregar.
El paje se para a la mano izquierda del ministro, la damita a la mano derecha. El
padre entrega su hija al novio y se sienta
con la madre de la novia, quien debe estar
en los asientos de la segunda fila. Nadie
se sienta en la primera fila sino los que

toman parte en la ceremonia, para oír un corto sermón.

Cuando ya la novia esté a la mano izquierda del novio, las damas y los chambelanes volverán su rostro hacia el ministro. Deben quedar formando un semicírculo.

Luego alguien canta, "Oh Dulce Misterio de la Vida" (u otro canto apropiado). Luego el ministro leerá o dirá de memoria la ceremonia nupcial. (Antes de esto el predicador puede explicar lo que es el matrimonio, los deberes de los esposos y las esposas, y dar algunos consejos, si es que no va a predicar un sermón después de la ceremonia). Al terminar la ceremonia nupcial se tiene una oración pidiendo las bendiciones de Dios sobre el nuevo hogar que se ha formado. Al terminar la oración, si se puede, permanecerán todos con los ojos cerrados mientras el solista canta El Padre Nuestro. Terminado el solo, la pianista toca la "Marcha Nupcial" de F. Mendelssohn. El paje y la damita salen primero, luego los nuevos esposos, en seguida la dama de honor acompañada del testigo de honor que acompañó al novio. Después los chambelanes acompañan a sus respectivas damas.

Ceremonia Nupcial

Por James Randolph Hobbs, D. D., LL. D.
Traducción y arreglo por el Rdo. Alfredo Lerín.

Feliz es el momento en que dos almas se

unen por los vínculos del amor; cuando dos corazones experimentan el mismo sentimiento y hacen que dos voluntades y dos personas actúen como una sola: realizan una unión espiritual y llegan a la consumación de un pacto que se llama "el matrimonio."

Esta clase de unión fue instituída por Dios con la primera pareja humana: Adam y Eva, en el huerto del Edén, para que la humanidad sea feliz. Desde entonces todos los seres humanos han procurado efectuar esa clase de unión, y para darle consistencia la han legalizado. Así, pues, puede decirse que el matrimonio es el contrato legal de una unión espiritual.

Los santos patriarcas practicaron solemnemente el matrimonio. Cristo Jesús, nuestro Salvador, lo aprobó en las bodas de Caná de Galilea, y los apóstoles lo aprobaron y practicaron. Y así ha venido ocurriendo hasta nuestros días.

La Palabra de Dios dice que honroso es en todos el matrimonio (Heb. 13:4). Ahora vosotros dos, obedeciendo a vuestra disposición natural venís a mí para que yo, legalmente una vuestras vidas ante la Sociedad, ya que vosotros espontánea y espiritualmente habéis unido vuestros corazones. Tal unión se efectuará, Dios mediante, si no hay algún impedimento moral o legal. ¿HAY ALGUN IMPEDIMENTO? ... Si

no lo hay, tened la bondad de estrechar
vuestras manos.

Señor *(nombre del novio)* ¿recibe usted
por su legítima esposa a la Srita. *(nombre
de la novia)*? —El novio contestará: "Sí
señor."

Señor *(nombre del novio)* ¿tiene usted
el firme propósito de amarla, y solemnemente promete usted amarla, ayudarla en
lo moral y en lo material cuando ella esté
enferma o con salud, ya sea que usted o
ella esté pobre o rica por los bienes materiales; y promete usted dedicar todos sus
afectos conyugales a ella, y solamente a
ella, todo el tiempo que Dios les conceda
la vida para vivir como esposa y esposo,
respectivamente? — El novio contestará:
"Sí señor".

Señorita *(nombre de la novia)*, ¿recibe
usted por su legítimo esposo al señor *(nombre del novio)*? — La novia contestará: "Sí
señor."

Señorita *(nombre de la novia)*, ¿Tiene
usted el firme propósito de amarlo, y solemnemente promete usted amarlo, ayu-
darlo en lo moral y material cuando él
esté enfermo o con salud; ya sea que usted
esté rica o pobre por los bienes de fortuna
materiales; y promete usted dedicar todos
sus afectos conyugales solamente a él, todo el tiempo que Dios les conceda la vida
para vivir como esposo y esposa, respecti-

vamente? — La novia responderá: "Sí señor."

Desde tiempos inmemoriales el anillo se
ha usado por el hombre para confirmar
pactos importantes. Cuando la raza era joven aun y el Estado nuevo, se fijaba un gran
sello al anillo del monarca reinante; y había también la costumbre, entre amigos, de
regalarse unos a otros bandas de oro, o anillos, como señal de buena voluntad y mutua estimación. En tiempos más recientes
el anillo se ha dedicado al propósito sim-
bólico, más hermoso aún, de sellar la pro-
mesa y el pacto de matrimonio; la pureza
de los cuales se simboliza con el oro puro y
sin mancilla, y cuyo amor también se simboliza con el círculo perfecto que no tiene
principio ni fin.

Señor (nombre del novio), ¿entrega usted este anillo a la Srita. (nombre de la novia) como un testimonio del sincero amor
que usted tiene para ella? Al entregar este
anillo, ¿hace a la Srita. (nombre de la novia) partícipe de los bienes materiales que
Dios le ha dado y de los que Dios le dé en
el futuro? — A estas dos preguntas, el novio contestará: "Sí señor."

Srita. (nombre de la novia), ¿entrega usted este anillo al Sr. (nombre del novio)
como un testimonio del sincero amor de
usted hacia él? La novia contestará: "Sí
señor" — ¿Al entregar este anillo al Sr.
(nombre del novio), lo hace partícipe de

los bienes materiales que Dios le ha dado
y los que Dios le dé en el futuro? — La novia responderá: "Sí señor."

Tengan la bondad de cogerse otra vez
las manos derechas. — Ahora Sr. *(nombre
del novio)* y Srita. *(nombre de la novia)*,
como ustedes han declarado que mutuamente se aman y tienen fe el uno en el otro,
y se han hecho mutuas promesas de ser
esposo y esposa respectivamente, al haber-
se dado sus manos y anillos: Yo, por la autoridad y privilegio que me conceden las
Leyes del Estado de *(nombre del Estado)*,
y como ministro que soy del Evangelio: los
declaro esposo y esposa en la presencia de
Dios y de las personas que están aquí reu-
nidas y que sirven como representantes de
la sociedad en que vivimos y como testigos
de este solemne y trascendental acto; y
cordialmente anhelo que Dios los haga fe-
lices.

Oración Nupcial.

(Esta ceremonia puede ser adaptada por
los ministros que viven en países donde no
tienen el privilegio de casar. Fácilmente se
puede hacer la adaptación haciendo las
preguntas en tiempo pretérito, porque la
pareja ya ha sido unida legalmente por el
juez civil. Por ejemplo: "Señor *(nombre del
novio)*, ¿ha entregado usted este anillo a
la Srita. *(nombre de la novia)* como un testimonio del sincero amor que usted tiene
para ella? — El novio contestará: "Sí se-

ñor". — La última parte de la ceremonia se puede modificar diciendo: "Yo, como pastor de esta iglesia, sabiendo que ustedes han cumplido con los requisitos morales y legales, de acuerdo con las leyes del Estado de *(nombre del Estado)*, los reconozco, delante de Dios y de la Sociedad en que vivimos, como esposo y esposa, y que Dios los bendiga).

Citas Bíblicas que, a Juicio del Predicador, Pueden Usarse en Relación con el Matrimonio

GENESIS: 2:18-24; 24; 29.

SALMOS: 112; 128:1-4; 144:12-15.

PROVERBIOS: 7:6-27; 9:13-18; 11:22; 12:4; 14:1; 15:16. 17; 17:1; 18:22; 19:13-27; 21:9, 19: 22:1; 24:3; 25:9-12, 24; 27:15, 16; 29:15; 30:7-9; 31:10-31.

MATEO: 19:3-13; 22:30.

MARCOS: 10:2-12; 12:23.

JUAN: 2:1-11.

ROMANOS: 7:2, 3.

1 CORINTIOS: 6:16; 7.

2 CORINTIOS: 6:14-18.

EFESIOS: 5:1, 22-33.

COLOSENSES: 3:16-21.

1 TIMOTEO: 2:8-10; 5:14.

TITO: 2:3-5.

HEBREOS: 13:4.

1 PEDRO: 3:1-7.

Las Visitas a los Enfermos

Por Alfredo Lerín

1. *De las Visitas en General.*

Las visitas a los enfermos constituyen, posiblemente, una de las responsabilidades más difíciles para el pastor, y una de las oportunidades más convenientes para cumplir su ministerio.

Es una de las responsabilidades más difíciles, porque posiblemente algunas veces el pastor experimentará el temor de contagiarse o el de llevar el contagio a algún miembro de su familia. Dicho temor puede infundirle el deseo de no visitar a los miembros de la iglesia, enfermos, o a otras personas, también enfermas, que soliciten de él sus auxilios espirituales o que sin solicitarlos los esperen. Cuando el pastor sepa o sospeche que la enfermedad es contagiosa, lo mejor que podrá hacer será pedir la protección de Dios primeramente, y en seguida la de un médico en quien tenga confianza, para que éste le aplique una vacuna o le dé algún otro preservativo. Al-

gunos médicos recomiendan que al visitar
uno a los enfermos, no esté fatigado ni su-
doroso, y sí descansado; y que de prefe-
rencia la visita se haga poco tiempo después de que uno haya comido, y no antes.

Quizás algunas personas opinen que es
mejor que el pastor no visite a quienes tengan enfermedades contagiosas, por temor
de que él pueda contraer esa enfermedad,
o transmitirla a los miembros de su familia o a algunos de los miembros de la iglesia o a todos ellos. En tales casos, como en
otros, el pastor mismo es quien debe decidir si visitará a tales enfermos o no: su
conciencia, su sentido de responsabilidad,
su amor a las almas y a su Salvador...
harán que él resuelva lo que debe hacer.
Por supuesto, y naturalmente, los miembros de una iglesia esperan que su pastor
los visite cuando estén enfermos de cualquier enfermedad.

Puede suceder que el pastor no sepa cuá-
les de los miembros de su iglesia están enfermos y necesitan que él los ayude espiritualmente, y que por lo mismo no visite
ni lleve esta clase de auxilios a quienes los
necesitan. Esto puede ser causa de que al
pastor se le dirijan indebidamente algunos reproches, y de que los hermanos que
no recibieron la visita pastoral cuando la
anhelaban se formen un concepto erróneo
del pastor en cuanto al cumplimiento de

sus deberes. Para evitar esto y algo peor que pudiera ocurrir, es conveniente que el pastor solicite que le informen de los casos de enfermedad cuando los haya. Esta solicitud puede dirigirla desde el púlpito a la congregación en el momento de hacer los anuncios o publicarla en el boletín y pedir que le den el nombre y la dirección del paciente; o también puede distribuir tarjetas impresas que tengan espacios para el nombre y la dirección del enfermo, y para indicar la hora en que la visita será más conveniente para el enfermo: tales tarjetas se pueden distribuir cada vez que los diáconos pasen entre la congregación a recoger la ofrenda, y las personas interesadas las devolverán a los diáconos o al pastor al fin del servicio.

Por supuesto, se sobrentiende que cuando el pastor sabe que un miembro de la iglesia que pastorea, o un simpatizador del evangelio, está enfermo, no esperará a que lo inviten a que vaya a visitarlo, sino que irá tan pronto como le sea posible, ya que esto es una parte de sus deberes pastorales.

Las visitas a los enfermos llegan a ser las oportunidades más convenientes para que el pastor dirija el alma del paciente hasta Dios. Ya sea que la persona enferma esté grave o no, el pastor, al visitarla, puede dirigirla a Dios, puede hacer que piense más en su consagración a Dios, y que medite más en lo aflictivo de esta vida efímera y en lo glorioso de la eterna. Las exhortaciones y los consejos dados por el pastor, y la lectura de la Palabra de Dios y las oraciones hechas por él, serán una bendición para aquella persona afligida: y para el mismo pastor.

2. *Considérense Algunos Escrúpulos.*

En lo general el pastor goza de la confianza de las personas que forman su congregación, y ellas suelen comunicarle intimidades individuales o familiares. Esto no autoriza al pastor para usar algunas libertades que están reservadas únicamente a algunos o a todos los miembros de la familia y que quieren conservar para sí; v. gr., entrar en el cuarto del paciente sin el previo permiso de éste, de la familia, o del médico. Algunas veces será mejor para el pastor que no entre solo en el cuarto de la persona enferma, especialmente si ésta es una dama: en casos como éste es preferible que él haga la visita acompañado de su esposa o que estén con él algunos parientes del enfermo.

3. *Principales Finalidades de las Visitas.*

Las visitas no serán simplemente de cortesía, o por obligación, o de carácter profesional, o por rutina: hacerlo así convertiría el hecho de visitar en una especie de entrevista comercial o de negocio, o en un acto teatral. Las visitas se harán para expresar el amor que el *pastor* siente por sus *ovejas*, la simpatía que experimenta, ocasionada por los sufrimientos del paciente, y el interés que el director de almas tiene a favor del bienestar de la del enfermo. El pastor no olvidará que es *pastor: proveedor, alimentador, guiador, cuidador, protector, defensor; confidente, consejero, consolador, exhortador, maestro, ministro.*

El pastor que piense de sí de esta manera, reconocerá que todo paciente necesita al Médico divino: por lo mismo se lo presentará. Tal vez este siervo de Dios, el pastor, podrá hacer que el enfermo a quien visita, si ya es cristiano, haga votos de que al sanar servirá a sus prójimos y a Dios mejor que como lo hizo antes de que enfermara; y quizás podrá hacer que la persona visitada, si no es cristiana, acepte a Cristo como su Salvador personal e Hijo de Dios, y se disponga a servirle de alguna manera especial en "la viña del Señor." Toda persona enferma, como también toda persona sana, debe tener por suprema aspiración no precisamente vivir mucho y bien, sino vivir de acuerdo con la voluntad de Dios.

Quizás algunos pacientes pensarán que sus enfermedades son castigos o pruebas demasiado severas para ellos, y querrán saber la causa y la finalidad espirituales de esos

padecimientos: entonces el pastor podrá
explicar que, ciertamente, algunas enfermedades son castigos causados por algún
pecado; pero otras son pruebas que Dios
nos pone con el fin de prepararnos para
que después recibamos mejores bendiciones: como en el caso de Job; o para que
desempeñemos alguna tarea especial: como
en el caso de Pablo (2 Cor. 12:1-10).

4. Varios Asuntos para las Pláticas

Puede ser que sea necesario, y hasta conveniente, tratar con el paciente además de
los asuntos estrictamente religiosos y espirituales, unos que no lo sean. Puede pla-
ticarse del éxito de los negocios que intere-
san al enfermo, de las buenas condiciones
en que están sus amigos y de los agrada-
bles recuerdos que hacen de él, de los acon-
tecimientos sociales que le gustan; asimismo de personas que han padecido la misma
enfermedad que tiene el paciente visitado,
y que han sanado, etc., etc. Esto puede pla-
ticarse con habilidad y propósito de infun-
dir, en el enfermo visitado, optimismo, confianza en Dios y en las personas que cuidan
al mismo enfermo como son el médico, las
enfermeras o los parientes, y también en
las medicinas. Algunas veces puede ser be-
néfica al paciente la narración de un chiste
sano que tenga una moraleja, le produzca
alegría y lo haga sonreír. Por supuesto, el

pastor no sostendrá conversaciones de manera alharaquienta ni con sus chistes degenerará en payaso.

5. *Lectura de la Palabra de Dios.*

Si el pastor va a leer un pasaje de la Palabra de Dios, ha de hacer cuidadosa selección y meditación de él, de manera que el escogido se adapte fácilmente a la condición espiritual del enfermo que es visitado: pues un pasaje que fuera apropiado para una persona que está sufriendo por causas desconocidas o por un accidente, podría no serlo para quien está enfermo por causa de sus pecados. Del pasaje seleccionado se desprenderán las palabras de simpatía, de consuelo, de exhortación o de aliento —según se necesiten— que el pastor dirá al visitado, y con las que le demostrará su cariño, su amistad y el buen interés que tiene en él.

6. *Aprovechando la Oportunidad para Orar.*

Además de que el pastor siempre procurará orar con un enfermo a quien visite, puede suceder que en el momento en que el pastor esté de visita al paciente le lleven su alimento: entonces podrá el pastor aprovechar la ocasión para orar en voz alta con el enfermo, y dar gracias a Dios por dicho alimento y por "el Pan de Vida," por las personas que cuidan al enfermo, por las medicinas, por los hospitales, por los médicos y por otros hombres de ciencia que tal vez se han sacrificado hasta la muerte para que otras personas tengan salud y vida... como lo hizo el Médico divino, Cristo Jesús, que murió para que todos nosotros tengamos vida...

7. *La Oración: Algo Imprescindible.*

Se supone que ningún pastor intentará separarse del enfermo a quien visita, sin haber orado con él. Posiblemente algunas ocasiones el pastor no podrá tener una plática, ni larga ni corta, ni leer un pasaje bíblico con el paciente: entonces, por lo menos, procurará hacer lo que podemos considerar una ayuda imprescindible: una oración.

8. *El Cómo de la Lectura, de la Oración y de las Visitas.*

Tanto la lectura bíblica como la oración deben ser solemnes. En la plática en que el pastor exprese su simpatía al enfermo, y en la oración, debe haber naturalidad; no afectación de lo que no se siente por el enfermo. En todo tiempo debe ser sincero el pastor: pues si una persona que esté sana puede llegar a descubrir la insinceridad del pastor cuando éste comete ese pecado, también un enfermo puede hacer tal descubrimiento.

Al sostener la plática y hacer la lectura bíblica y la oración, es conveniente para el pastor no estar ansioso, o impaciente, o nervioso, como si tuviera urgencia de salir o miedo de estar con el enfermo. Si estas condiciones existen, el pastor que las padezca procure no revelarlas y sí eliminarlas allí mismo, ante el enfermo, cuando está experimentándolas: para que el enfermo visitado no se dé cuenta de que otro enfermo es su visitante.

9. *Duración de las Visitas*

Las condiciones en que estén el enfermo, la familia de él, y el pastor visitante, determinarán la duración de las visitas: preferible es que no sean extensas, que no cansen o molesten de alguna manera al enfermo ni a las personas que lo cuidan.

Conclusión

Bendición es el pastor cuyas visitas son deseables, y que al separarse del enfermo y de su familia deja en ellos el sentimiento y la convicción de que están más cerca de Dios.

Citas Bíblicas que, a Juicio del Predicador, Pueden Usarse en Relación con los Enfermos

GENESIS: 3:19.

DEUTERONOMIO: 32:39.

1 SAMUEL: 2:6.

2 REYES: 20:1-11.

JOB: 5:7-18; 7; 8:3, 5-7, 20, 21; 9:1, 15-22, 29-35; 10:20-22; 12:10; 13:15; 14:7-15; 19: 25-27; 22:1, 21-28; 27:8-10.

SALMOS: 4; 5:1-7; 6:1-7; 23; 30; 31:1-10; 40:1-5; 42:1-5, 11; 49:15; 51:8-13; 55:22; 56:11-13; 63:1-8; 68:19, 20; 73:24-28; 77:1-13; 86; 90; 94:12-15; 97:10; 102; 103; 108: 1-6, 12; 116:1-5; 130; 141; 142; 145:8-21; 146; 147:1-11.

ISAIAS: 38.

PROVERBIOS: 3:11, 12; 12:25; 14:7-15; 15:13-15; 19:25-27; 22:1, 21-28; 27:8-10.

MATEO: 25:31-40.

MARCOS: (curaciones realizadas por nuestro Señor Jesús, según Marcos): 1:23-26, 30, 31, 34, 40-42; 2:1-12; 3:1-5, 7-12; 5:1-20, 25-34; 7:25-30, 31-37; 8:22-26; 10:46-52.

JUAN: 6:35-69; 14:1-6.

ROMANOS: 5:1-5; 8.

1 CORINTIOS: 15:11-26, 35-57.

2 CORINTIOS: 1:3-6; 5:1-10.

FILIPENSES: 1:23; 2:25-30; 3:20, 21; 4: 13, 19.

HEBREOS: 11:34; 12:5b-16.

SANTIAGO: 1:27; 5:13-16.

1 JUAN: 2; 3.

APOCALIPSIS: 7:9-17; 21; 22:1-5.

Servicios Fúnebres

(Con lecturas bíblicas diferentes, según la edad).

Los servicios fúnebres deben ser breves. El sermón debe ser corto y sencillo. Se comete un error muy grande cuando se usa un lenguaje muy florido. Esto hace que el sermón pierda su objetivo, que es consolar a los afligidos y hacer pensar a todos los presentes en la necesidad de prepararnos para encontrarnos con nuestro Dios.

El pastor que tiene un traje negro u obscuro debe llevarlo en estos servicios fúnebres. De la misma manera deberá tener calzado negro y corbata obscura.

En estos casos es necesario citar lo más posible la palabra de Dios, para que los que oigan el mensaje puedan escuchar muchos pasajes que hablan de lo efímero de esta vida y de la vida eterna que Dios ofrece a los que creen en él.

Si la persona muerta fue miembro fiel de la iglesia, el pastor puede mencionar su fidelidad y demás cualidades cristianas; en caso contrario es mejor no hacer ninguna mención de su vida.

En ciertas ocasiones se nos pide que ten-

gamos un servicio fúnebre en un hogar, o
en la capilla fúnebre de la casa mortuoria; en otras ocasiones se nos pide que tengamos un servicio en el cementerio. Debemos preparar nuestro sermón tomando en
cuenta el lugar en donde se va a exponer,
y cuando tengamos que dirigir tres servicios para la misma persona (en el hogar,
en la casa funeraria, y en el cementerio),
procuremos que resulten diferentes. Después del sepelio, el pastor deberá visitar a
la familia afligida para que personalmente
le exprese su simpatía y ofrezca sus servicios en todo lo que le sea posible.

Si la persona que ha muerto pertenecía
a alguna logia, o sociedad que acostumbre
tener ciertas ceremonias fúnebres para sus
miembros, el pastor arreglará su programa
de tal modo que dé tiempo a aquellas insti-
tuciones para efectuar sus propias ceremonias.

Cuando el servicio fúnebre se tiene en un
hogar, el pastor llegará a la hora indicada; pero no debe principiar el servicio sin
preguntar a los de la casa si ya están pre-
parados para ella. Muchas veces no se encuentra presente alguno de los parientes
y lo están esperando porque desean que
asista al servicio. El pastor debe procurar
llevar suficientes himnarios. Cuando sea
posible, llevará a un grupo de jóvenes y
señoritas para que canten algún himno
especial. Si después de este servicio no se

va a tener otro en el templo, después de
cantar himnos y hacer lecturas bíblicas,
el pastor presentará un corto mensaje.
Cuando el servicio se tiene en la capilla de
la casa mortuoria, se puede dar lugar para
que las personas que conocieron a la persona que ha muerto, digan alguna palabra, y el pastor se podrá concretar a leer
la Palabra de Dios y presentar una corta
plática; pero si después de este servicio
no se va a tener otro en el templo, entonces el pastor sí presentará su mensaje en
esta ocasión.

Ejemplo de un Servicio Fúnebre

Al llegar el cuerpo al templo,* el pastor,
en pie, debe estar esperándolo detrás del
púlpito. Si le tocó acompañar el cuerpo del
hogar o de la casa mortuoria al templo, él
debe entrar primero y tomar su lugar detrás del púlpito y permanecer allí en pie,
hasta que el cuerpo haya sido colocado delante del púlpito y se hayan arreglado las
flores. Cuando la persona era miembro de la
iglesia, es bueno que una corona de flores
sea preparada en nombre de la iglesia.

La pianista u organista ejecutará alguna marcha fúnebre o un himno apropiado.

_____

* En algunas partes, tienen la costumbre de tener el culto en la casa mortuoria.

Himno:

"En la mansión do Cristo está,
Allí no habrá tribulación;
Ningún pesar, ningún dolor,
Que me quebrante el corazón.

Allí no habrá tribulación;
Ningún pesar, ningún dolor,
Y cuando esté morando allá,
Diré que no hay tribulación."

Oración.

Lecturas Bíblicas:

"Antes, como está escrito: Cosas que ojo
no vio, ni oreja oyó, ni han subido en corazón de hombre, *son* las que ha Dios preparado para aquellos que le aman. Empero
Dios nos *lo* reveló a nosotros por el Espíritu: porque el Espíritu todo lo escudriña,
aun lo profundo de Dios" (1 Cor. 2:9, 10).

"Bienaventurado el hombre a quien tú,
Jah, castigares, y en tu ley lo instruyeres;
para tranquilizarle en los días de aflicción,
en tanto que para el impío se cava el hoyo.
Porque no dejará Jehová su pueblo, ni des-
amparará su heredad" (Salmo 94:12-14).

"He aquí, bienaventurado es el hombre
a quien Dios castiga: Por tanto no menosprecies la corrección del Todopoderoso"
(Job 5:17).

"Porque tú has puesto a Jehová, *que es*
mi esperanza, al Altísimo por tu habitación, no te sobrevendrá mal, ni plaga toca-

rá tu morada. Pues que a sus ángeles mandará acerca de ti, que te guarden en todos tus caminos. En las manos te llevarán, porque tu pie no tropiece en piedra. Sobre el león y el basilisco pisarás; hollarás al cachorro del león y al dragón. Por cuanto en mí ha puesto su voluntad, yo también lo libraré: Pondrélo en alto, por cuanto ha conocido mi nombre. Me invocará, y yo le responderé: Con él estaré yo en la angustia: Lo libraré, y le glorificaré" (Salmo 91:9-15).

Himno:

"Cara a Cara Espero Verle."

"En Presencia Estar de Cristo".

El Ministro dirá:

Amados, busquemos consuelo y seguridad en la Palabra de Dios. Si queremos que Dios cuide de nosotros, oigamos estas preciosas palabras:

"Jehová es mi pastor; nada me faltará. En lugares de delicados pastos me hará yacer: Junto a aguas de reposo me pastoreará. Confortará mi alma; guiaráme por sendas de justicia por amor de su nombre. Aunque ande en valle de sombra de muerte, no temeré mal alguno; porque tú estarás conmigo: Tu vara y tu cayado me infundirán aliento. Aderezarás mesa delante de mí, en presencia de mis angustiadores: Ungiste mi cabeza con aceite: mi copa está rebosando. Ciertamente el bien y la miseri-

cordia me seguirán todos los días de mi
vida: Y en la casa de Jehová moraré por
largos días" (Salmo 23).

Si creemos en el triunfo final del pueblo
de Dios, oigamos estas preciosas palabras:
"Porque tengo por cierto que lo que en
este tiempo se padece, no es de comparar
con la gloria venidera que en nosotros ha
de ser manifestada. Porque el continuo an-
helar de las criaturas espera la manifestación de los hijos de Dios. Porque las criaturas sujetas fueron a vanidad, no de grado,
mas por causa del que las sujetó con esperanza, que también las mismas criaturas
serán libradas de la servidumbre de corrupción en la libertad gloriosa de los hijos
de Dios. Porque sabemos que todas las criaturas gimen a una, y a una están de parto
hasta ahora. Y no sólo ellas, mas también
nosotros mismos, que tenemos las primicias del Espíritu, nosotros también gemimos dentro de nosotros mismos, esperando
la adopción, *es a saber,* la redención de
nuestro cuerpo. Porque en esperanza somos salvos; mas la esperanza que se ve, no
es esperanza; porque lo que alguno ve, ¿a
qué esperarlo? Empero si lo que no vemos
esperamos, por paciencia esperamos. Y asimismo también el Espíritu ayuda nuestra
flaqueza: porque qué hemos de pedir como
conviene, no lo sabemos; sino que el mismo
Espíritu pide por nosotros con gemidos in-
decibles. Mas el que escudriña los corazo-

nes, sabe cuál es el intento del Espíritu, porque conforme a *la voluntad de* Dios, demanda por los santos. Y sabemos que a los que a Dios aman, todas las cosas les ayudan a bien, *es a saber,* a los que conforme al propósito son llamados. Porque a los que antes conoció, también predestinó para que fuesen hechos conformes a la imagen de su Hijo, para que él sea el primogénito entre muchos hermanos; y a los que predestinó, a éstos también llamó; y a los que llamó, a éstos también justificó; y a los que justificó, a éstos también glorificó. ¿Pues qué diremos a esto? Si Dios por nosotros, ¿quién contra nosotros? El que aun a su propio Hijo no perdonó, antes le entregó por todos nosotros, ¿cómo no nos dará también con él todas las cosas? ¿Quién acusará a los escogidos de Dios? Dios es el que justifica. ¿Quién es el que condenará? Cristo es el que murió; más aún, el que también resucitó, quien además está a la diestra de Dios, el que también intercede por nosotros. ¿Quién nos apartará del amor de Cristo? ¿tribulación? ¿angustia? ¿o persecución? ¿o hambre? ¿o desnudez? ¿o peligro? ¿o cuchillo? Como está escrito: Por causa de ti somos muertos todo el tiempo: Somos estimados como ovejas de matadero. Antes, en todas estas cosas hacemos más que vencer por medio de aquel que nos amó. Por lo cual estoy cierto que ni la muerte, ni la vida, ni ángeles, ni prin-

102 MANUAL PARA MINISTROS

cipados, ni potestades, ni lo presente. ni lo
por venir, ni lo alto, ni lo bajo, ni ninguna
criatura nos podrá apartar del amor de
Dios, que es en Cristo Jesús Señor nuestro" (Romanos 8:18-39).

Si creemos que aun las tribulaciones son
bendiciones para el pueblo de Dios, oigamos las siguientes palabras de consuelo:

"Y respondió uno de los ancianos, dicién-
dome: Estos que están vestidos de ropas
blancas, ¿quiénes son, y de dónde han venido? Y yo le dije: Señor, tú lo sabes. Y él
me dijo: Estos son los que han venido de
grande tribulación, y han lavado sus ropas, y las han blanqueado en la sangre del
Cordero. Por esto están delante del trono
de Dios, y le sirven día y noche en su templo: y el que está sentado en el trono ten-
derá su pabellón sobre ellos. No tendrán
más hambre, ni sed, y el sol no caerá más
sobre ellos, ni otro ningún calor. Porque
el Cordero que está en medio del trono los
pastoreará, y los guiará a fuentes vivas de
aguas: y Dios limpiará toda lágrima de los
ojos de ellos" (Apocalipsis 7:13-17).

Si deseamos una mansión permanente en
el cielo, dejemos que nuestros corazones reciban consuelo con estas palabras:

"No se turbe vuestro corazón: creéis en
Dios, creed también en mí. En la casa de mi
Padre muchas moradas hay: de otra manera os lo hubiera dicho: voy, pues, a preparar lugar para vosotros. Y si me fuere, y

os aparejare lugar, vendré otra vez, y os tomaré a mí mismo: para que donde yo estoy, vosotros también estéis" (Juan 14: 1-3).

Si deseamos estar seguros de la segunda venida del Señor y de la resurrección de los muertos, oigamos las siguientes palabras:

"Tampoco, hermanos, queremos que ignoréis acerca de los que duermen, que no os entristezcáis como los otros que no tienen esperanza. Porque si creemos que Jesús murió y resucitó, así también traerá Dios con él a los que durmieron en Jesús. Por lo cual, os decimos esto en palabra del Señor: que nosotros que vivimos, que habremos quedado hasta la venida del Señor, no seremos delanteros a los que durmieron. Porque el mismo Señor con aclamación, con voz de arcángel, y con trompeta de Dios, descenderá del cielo, y los muertos en Cristo resucitarán primero: Luego. nosotros, los que vivimos, los que quedamos, juntamente con ellos seremos arrebatados en las nubes a recibir al Señor en el aire, y así estaremos siempre con el Señor. Por tanto, consolaos los unos a los otros en estas palabras" (1 Tesalonicenses 4:13-18).

Dios nos ha hablado por medio de su Palabra. Ahora llevemos a El nuestra tristeza estando seguros de que El nos oye. Su Palabra dice:

"Allegaos a Dios, y él se allegará a vosotros. Pecadores, limpiad las manos; y vosotros de doblado ánimo, purificad los corazones. Humillaos delante del Señor, y él os ensalzará" (Santiago 4:8, 10).

Oración.

Himno especial. Puede cantarse un solo. "Cara a Cara," por Herbert Johnson, es muy apropiado. S. D. Athans escribió la letra de este canto en español:

"Aun no sé cuándo estaré
En el palacio de mi Rey,
Aun no puedo contemplar
La entrada al celestial hogar.
Mas no me siento triste aquí
Pues pasa el tiempo tan veloz,
Y bien yo sé, que estando allí
Veré la gloria de mi Dios.

"Sí, cara a cara le veré;
Con mis amados he de estar;
Sí, cara a cara le veré,
Y en su presencia he de morar.

"Pues esta vida viene y va,
Los cierzos fríos pasan ya.
Fulgura el sol primaveral,
Las flores riega el manantial.
Mi sol en breve se pondrá
Y mi obra aquí terminará.
Mas ¡cuán feliz despertaré
En el palacio de mi Rey!"

Corto Mensaje

Himno: "Cuando mis Luchas Terminen Aquí".

Oración de Despedida.

(Otro himno que puede usarse como número especial es, "Salvo por Gracia." Las primeras tres estrofas son muy apropiadas).

Después de la oración el predicador pedirá a los presentes que formen una fila y pasen a ver el cuerpo si así lo desean. Que pasen al frente por un lado y por otro lado salgan del templo. Después pasarán los parientes y por último los que llevarán el féretro. Durante este período la pianista tocará suavemente el himno, "Roca de la Eternidad."

Si el pastor tiene automóvil, debe colocarlo detrás del primer automóvil en donde van los que moverán el féretro. Detrás del automóvil del ministro viene la carroza fúnebre, y detrás de ésta, el automóvil o automóviles de los dolientes. Detrás de ellos vienen los demás acompañantes. Al llegar al cementerio, el pastor debe colocarse a la cabecera del sepulcro.

El Ministro leerá:

"Y oí una voz del cielo que me decía: Escribe: Bienaventurados los muertos que de aquí adelante mueren en el Señor. Sí, dice el Espíritu, que descansarán de sus tra-

bajos; porque sus obras con ellos siguen"
(Apocalipsis 14:13).

"Hasme guiado según tu consejo, y después me recibirás en gloria. ¿A quién tengo yo en los cielos? Y fuera de ti nada deseo
en la tierra. Mi carne y mi corazón desfa-
llecen: *Mas* la roca de mi corazón y mi por-
ción es Dios para siempre" (Salmo 73:24-
26).

"Esto empero digo, hermanos; que la
carne y la sangre no pueden heredar el reino de Dios; ni la corrupción hereda la incorrupción. He aquí, os digo un misterio: Todos ciertamente no dormiremos, mas todos
seremos transformados, en un momento,
en un abrir de ojo, a la final trompeta; porque será tocada la trompeta, y los muertos
serán levantados sin corrupción, y nosotros
seremos transformados. Porque es menester que esto corruptible sea vestido de incorrupción, y esto mortal sea vestido de inmortalidad. Y cuando esto corruptible fuere vestido de incorrupción, y esto mortal
fuere vestido de inmortalidad, entonces se
efectuará la palabra que está escrita: Sorbida es la muerte con victoria. ¿Dónde está,
oh muerte, tu aguijón? ¿dónde, oh sepulcro, tu victoria? Ya que el aguijón de la
muerte es el pecado, y la potencia del pecado, la ley. Mas a Dios gracias, que nos
da la victoria por el Señor nuestro Jesucristo. Así que, hermanos míos amados, estad fírmes y constantes, creciendo en la

obra del Señor siempre, sabiendo que vuestro trabajo en el Señor no es vano" (1 Cor. 15:50-58).

Puede cantarse una estrofa del himno: "Roca de la Eternidad."

Oración.

El pastor debe dar las gracias, en nombre de los dolientes, a todos los que acompañaron al cuerpo, y a los que enviaron flores, o que de alguna manera hayan expresado su simpatía a la familia afligida.

Luego el pastor, depositando una flor blanca sobre el féretro, dirá: "Damos gracias a Dios por el privilegio de haber acompañado a la familia de nuestro hermano (hermana)_____ hasta el sepulcro en donde descansará su cuerpo, ya que su espíritu goza del descanso eterno en los brazos amorosos del bendito Jesús. Depositamos sobre su féretro estas flores que expresan nuestro aprecio y cariño hacia nuestro(a) hermano(a) que ha salido de entre nosotros, flores que expresan nuestra simpatía hacia su familia, flores que simbolizan la resurrección de los muertos."

Luego el ministro puede despedir a la congregación con las siguientes palabras:

"Y la paz de Dios, que sobrepuja todo entendimiento, guardará vuestros corazones y vuestros entendimientos en Cristo Jesús. Al Dios pues y Padre nuestro *sea* gloria por los siglos de los siglos. Amén" (Filipenses 4:7, 20).

Lecturas Bíblicas para el Servicio Fúnebre de un Niño

"Porque lo que al presente es momentáneo y leve de nuestra tribulación, nos obra un sobremanera alto y eterno peso de gloria; no mirando nosotros a las cosas que se ven sino a las que no se ven: porque las cosas que se ven son temporales, mas las que no se ven son eternas" (2 Cor. 4:17, 18).

"Y le presentaban niños para que los tocase; y los discípulos reñían a los que los presentaban. Y viéndolo Jesús, se enojó, y les dijo: "Dejad los niños venir, y no se lo estorbéis; porque de los tales es el reino de Dios. De cierto os digo, que el que no recibiere el reino de Dios como un niño, no entrará en él. Y tomándolos en los brazos, poniendo las manos sobre ellos, los bendecía" (Marcos 10:13-16).

"En aquel tiempo se llegaron los discípulos a Jesús, diciendo: ¿Quién es el mayor en el reino de los cielos? Y llamando Jesús a un niño, le puso en medio de ellos, y dijo: De cierto os digo, que si no os volviereis, y fuereis como niños, no entraréis en el reino de los cielos. Así que, cualquiera que se humillare como este niño, éste es el mayor en el reino de los cielos. Y cualquiera que recibiere a un tal niño en mi nombre, a mí recibe. Y cualquiera que escandalizare a alguno de estos pequeños que creen en mí, mejor le fuera que se le colgase al cuello una piedra de molino de asno, y que se le anegase en el profundo de la mar" (Mateo 18:1-6).

"Mirad no tengáis en poco a alguno de estos pequeños; porque os digo que sus ángeles en los cielos ven siempre la faz de mi Padre que está en los cielos. Porque el Hijo del hombre ha venido para salvar lo que se había perdido. ¿Qué os parece? Si tuviese algún hombre cien ovejas, y se descarriase una de ellas, ¿no iría por los montes, dejadas las noventa y nueve, a buscar la que se había descarriado? Y si aconteciese hallarla, de cierto os digo, que más se goza de aquélla, que de las noventa y nueve que no se descarriaron. Así, no es la voluntad de vuestro Padre que está en los cielos, que se pierda uno de estos pequeños" (Mateo 18:10-14).

"Y al séptimo día murió el niño; pero sus siervos no osaban hacerle saber que el niño era muerto, diciendo *entre sí:* Cuando el niño aun vivía, le hablábamos, y no quería oir nuestra voz: ¿pues cuánto más mal le hará, si le dijéremos que el niño es muerto? Mas David viendo a sus siervos hablar entre sí, entendió que el niño era muerto; por lo que dijo David a sus siervos: ¿Es muerto el niño? Y ellos respondieron: Muerto es. Entonces David se levantó de tierra, y lavóse y ungióse, y mudó sus ropas, y entró a la casa de Jehová, y adoró. Y después vino a su casa, y demandó, y pusiéronle pan, y

comió. Y dijéronle sus siervos: ¿Qué es esto
que has hecho? Por el niño, viviendo aún,
ayunabas y llorabas; y él muerto, levantás-
tete y comiste pan. Y él respondió: Viviendo aún el niño, yo ayunaba y lloraba, diciendo: ¿Quién sabe si Dios tendrá compa-
sión de mí, por manera que viva el niño?
Mas ahora que ya es muerto, ¿para qué
tengo de ayunar? ¿podré yo hacerlo volver? Yo voy a él, más él no volverá a mí"
(2 Samuel 12:18-23).

"Después me mostró un río limpio de
agua de vida, resplandeciente como cristal,
que salía del trono de Dios y del Cordero.
En el medio de la plaza de ella, y de la una
y de la otra parte del río, estaba el árbol
de vida, que lleva doce frutos, dando cada
mes su fruto: y las hojas del árbol eran
para la sanidad de las naciones. Y no habrá
más maldición; sino que el trono de Dios y
del Cordero estará en ella, y sus siervos le
servirán. Y verán su cara; y su nombre
estará en sus frentes. Y allí no habrá más
noche; y no tienen necesidad de lumbre de
antorcha, ni de lumbre de sol: porque el
Señor Dios los alumbrará: y reinarán para
siempre jamás" (Apocalipsis 22:1-5).

Lecturas Bíblicas para el Servicio Fúnebre de un Joven

"Porque el reino de los cielos *es* como un
hombre que partiéndose lejos llamó a sus

siervos, y les entregó sus bienes. Y a éste
dio cinco talentos, y al otro dos, y al otro
uno; a cada uno conforme a su facultad;
y luego se partió lejos. Y el que había recibido cinco talentos se fue, y granjeó con
ellos, e hizo otros cinco talentos. Asimismo
el que *había recibido* dos, ganó también
él otros dos. Mas el que había recibido
uno, fue y cavó en la tierra, y escondió
el dinero de su señor. Y después de mucho
tiempo, vino el señor de aquellos siervos, e
hizo cuentas con ellos. Y llegando el que
había recibido cinco talentos, trajo otros
cinco talentos, diciendo: Señor, cinco talentos me entregaste; he aquí otros cinco
talentos he ganado sobre ellos. Y su señor
le dijo: Bien, buen siervo y fiel; sobre poco
has sido fiel, sobre mucho te pondré: entra
en el gozo de tu señor. Y llegando también
el que había recibido dos talentos, dijo: Señor, dos talentos me entregaste; he aquí
otros dos talentos he ganado sobre ellos.
Su señor le dijo: "Bien, buen siervo y fiel;
sobre poco has sido fiel, sobre mucho te
pondré: entra en el gozo de tu señor" (Mateo 25:14-23).

"Dijo entonces Tomás, el que se dice el
Dídimo, a sus condiscípulos: Vamos también nosotros, para que muramos con él.
Vino pues Jesús, y halló que había ya cuatro
días que estaba en el sepulcro. Y Bethania
estaba cerca de Jerusalem, como quince es-
tadios; y muchos de los Judíos habían ve-

nido a Marta y a María, a consolarlas de
su hermano. Entonces Marta, como oyó que
Jesús venía, salió a encontrarle; mas María se estuvo en casa. Y Marta dijo a Jesús:
Señor, si hubieses estado aquí, mi hermano
no fuera muerto: Mas también sé ahora,
que todo lo que pidieres de Dios, te dará
Dios. Dícele Jesús: Resucitará tu hermano.
Marta le dice: Yo sé que resucitará en la
resurrección en el día postrero. Dícele Jesús: Yo soy la resurrección y la vida:
el que cree en mí, aunque esté muerto,
vivirá. Y todo aquel que vive y cree en mí,
no morirá eternamente. ¿Crees esto? Dice-
le: Sí, Señor; yo he creído que tú eres el
Cristo, el Hijo de Dios, que has venido al
mundo. Y esto dicho, fuése, y llamó en se-
creto a María su hermana, diciendo: El
Maestro está aquí y te llama. Ella, como lo
oyó, levántase prestamente y viene a él.
(Que aun no había llegado Jesús a la aldea,
mas estaba en aquel lugar donde Marta le
había encontrado). Entonces los Judíos que
estaban en casa con ella, y la consolaban,
como vieron que María se había levantado
prestamente, y había salido, siguiéronla, diciendo: Va al sepulcro a llorar allí. Mas María, como vino donde estaba Jesús, viéndole,
derribóse a sus pies, diciendo: Señor, si hubieras estado aquí, no fuera muerto mi hermano. Jesús entonces, como la vio llorando,
y a los Judíos que habían venido juntamente con ella llorando, se conmovió en espíri-

MANUAL PARA MINISTROS   113

tu, y turbóse. Y dijo: ¿Dónde le pusisteis?
Dícenle: Señor, ven, y ve. Y lloró Jesús.
Dijeron entonces los Judíos: Mirad cómo le
amaba. Y algunos de ellos dijeron: ¿No podía éste que abrió los ojos al ciego, hacer
que éste no muriera? Y Jesús, conmovién-
dose otra vez en sí mismo, vino al sepulcro.
Era una cueva, la cual tenía una piedra
encima. Dice Jesús: Quitad la piedra. Marta, la hermana del que se había muerto,
le dice: Señor, hiede ya, que es de cuatro
días. Jesús le dice: ¿no te he dicho que, si
creyeres, verás la gloria de Dios? Entonces
quitaron la piedra de donde el muerto había sido puesto. Y Jesús, alzando los ojos
arriba, dijo: Padre, gracias te doy que me
has oído. Que yo sabía que siempre me
oyes; mas por causa de la compañía que
está alrededor, lo dije, para que crean que
tú me has enviado. Y habiendo dicho estas
cosas, clamó a gran voz: Lázaro, ven fuera.
Y el que había estado muerto, salió, atadas
las manos y los pies con vendas; y su rostro
estaba envuelto en un sudario. Díceles Jesús: Desatadle, y dejadle ir. Entonces muchos de los Judíos que habían venido a María, y habían visto lo que había hecho Jesús,
creyeron en él. Mas algunos de ellos fueron
a los Fariseos, y dijéronles lo que Jesús había hecho" (Juan 11:16-46).

"Y aconteció después, que él iba a la ciudad que se llama Naín, e iban con él muchos de sus discípulos, y gran compañía.

Y como llegó cerca de la puerta de la ciudad, he aquí que sacaban fuera a un difunto, unigénito de su madre, la cual también era viuda: y había con ella grande compañía de la ciudad. Y como el Señor la vio, compadecióse de ella, y le dice: No llores. Y acercándose, tocó el féretro: y los que *lo* llevaban, pararon. Y dice: Mancebo, a ti digo, levántate. Entonces se incorporó el que había muerto, y comenzó a hablar. Y díole a su madre" (Lucas 7:11-15).

Lecturas Bíblicas para el Servicio
Fúnebre de una Joven

"No os ha tomado tentación, sino humana: mas fiel es Dios, que no os dejará ser tentados más de lo que podéis *llevar;* antes dará también juntamente con la tentación la salida, para que podáis aguantar" (1 Cor. 10:13).

"Porque el Señor no desechará para siempre: Antes si afligiere, también se compadecerá según la multitud de sus misericordias. Porque no aflige ni congoja de su corazón a los hijos de los hombres" (Lamentaciones 3:31-33).

"Como el padre se compadece de los hijos, se compadece Jehová de los que le temen. Porque él conoce nuestra condición: acuérdase que somos polvo" (Salmo 103:13, 14).

"El espíritu del Señor Jehová es sobre mí,

MANUAL PARA MINISTROS 115

porque me ungió Jehová; hame enviado a
predicar buenas nuevas a los abatidos, a
vendar a los quebrantados de corazón, a
publicar libertad a los cautivos, y a los presos abertura de la cárcel; a promulgar año
de la buena voluntad de Jehová, y día de
venganza del Dios nuestro; a consolar a
todos los enlutados; a ordenar a Sión a los
enlutados, para darles gloria en lugar de
ceniza, óleo de gozo en lugar del luto, man-
to de alegría en lugar del espíritu angus-
tiado; y serán llamados árboles de justicia,
plantío de Jehová, para gloria suya" (Isaías
61:1-3).

"Y yo rogaré al Padre, y os dará otro Consolador, para que esté con vosotros para
siempre: Al Espíritu de verdad, al cual el
mundo no puede recibir, porque no le ve,
ni le conoce: mas vosotros le conocéis; porque está con vosotros, y será en vosotros.
No os dejaré huérfanos: vendré a vosotros.
Aun un poquito, y el mundo no me verá
más; empero vosotros me veréis; porque yo
vivo, y vosotros también viviréis" (Juan
14:16-19).

"Y vino uno de los príncipes de la sinagoga, llamado Jairo; y luego que le vio, se
postró a sus pies. Y le rogaba mucho, diciendo: Mi hija está a la muerte: ven y
pondrás las manos sobre ella para que sea
salva, y vivirá. Y fue con él, y le seguía
gran compañía, y le apretaban. Hablando
aún él, vinieron de casa del príncipe de la

sinagoga, diciendo: Tu hija es muerta; ¿para qué fatigas más al Maestro? Mas luego Jesús, oyendo esta razón que se decía, dijo al príncipe de la sinagoga: No temas, cree solamente. Y no permitió que alguno viniese tras él sino Pedro, y Jacobo, y Juan hermano de Jacobo. Y vino a casa del príncipe de la sinagoga, y vio el alboroto, los que lloraban y gemían mucho. Y entrando, les dice: ¿Por qué alborotáis y lloráis? La muchacha no es muerta, mas duerme. Y hacían burla de él: mas él, echados fuera todos, toma al padre y a la madre de la muchacha, y a los que estaban con él, y entra donde la muchacha estaba. Y tomando la mano de la muchacha, le dice: Talitha cumi; que es, si lo interpretares: Muchacha, a ti digo, levántate. Y luego la muchacha se levantó, y andaba; porque tenía doce años. Y se espantaron de grande espanto." (Marcos 5:22-24, 35-42).

"Marta le dice: Yo sé que resucitará en la resurrección en el día postrero. Dícele Jesús: Yo soy la resurrección y la vida: el que cree en mí, aunque esté muerto, vivirá. Y todo aquel que vive y cree en mí, no morirá eternamente. ¿Crees esto?" (Juan 11:24-26).

"De cierto, de cierto os digo: Vendrá hora, y ahora es, cuando los muertos oirán la voz del Hijo de Dios; y los que oyeren vivirán. Porque como el Padre tiene vida en sí mismo, así dio también al Hijo que tuviese vida en sí mismo: Y también le dio poder de hacer juicio, en cuanto es el Hijo del hombre. No os maravilléis de esto; porque vendrá hora, cuando todos los que están en los sepulcros oirán su voz; y los que hicieron bien, saldrán a resurrección de vida; mas los que hicieron mal, a resurrección de condenación" (Juan 5:25-29).

"Mas nuestra vivienda es en los cielos; de donde también esperamos al Salvador, al Señor Jesucristo; el cual transformará el cuerpo de nuestra bajeza, para ser semejante al cuerpo de su gloria, por la operación con la cual puede también sujetar a sí todas las cosas" (Filipenses 3:20, 21).

"Esto empero digo hermanos; que la carne y la sangre no pueden heredar el reino de Dios, ni la corrupción hereda la incorrupción. He aquí, os digo un misterio: Todos ciertamente no dormiremos, mas todos seremos transformados, en un momento, en un abrir de ojo, a la final trompeta; porque será tocada la trompeta, y los muertos serán levantados sin corrupción, y nosotros seremos transformados. Porque es menester que esto corruptible sea vestido de incorrupción, y esto mortal sea vestido de inmortalidad. Y cuando esto corruptible fuere vestido de incorrupción, y esto mortal fuere vestido de inmortalidad, entonces se efectuará la palabra que está escrita: Sorbida es la muerte con victoria. ¿Dónde está, oh muerte, tu aguijón? ¿dónde, oh sepulcro, tu victoria? Ya que el aguijón de la muerte es el pecado, y la potencia del pecado, la ley. Mas a Dios gracias, que nos da la victoria por el Señor nuestro Jesucristo. Así que, hermanos míos amados, estad firmes y constantes, creciendo en la obra del Señor siempre, sabiendo que vuestro trabajo en el Señor no es vano" (1 Cor. 15:50-58).

Lecturas Bíblicas para un Servicio Fúnebre de un Hombre o Mujer de 30 a 50 Años de Edad

"Resignadamente esperé a Jehová, e inclinóse a mí, y oyó mi clamor. E hízome sacar de un lago de miseria, del lodo cenagoso; y puso mis pies sobre peña, y enderezó mis pasos" (Salmo 40:1-3).

"Cuando pasares por las aguas, yo seré contigo; y por los ríos, no te anegarán. Cuando pasares por el fuego, no te quemarás, ni la llama arderá en ti" (Isaías 43:2).

"Mirad cuál amor nos ha dado el Padre, que seamos llamados hijos de Dios: por esto el mundo no nos conoce, porque no le conoce a él. Muy amados, ahora somos hijos de Dios, y aun no se ha manifestado lo que hemos de ser; pero sabemos que cuando él apareciere, seremos semejantes a él, porque le veremos como él es" (1 Juan 3: 1, 2).

"He aquí, bienaventurado es el hombre a quien Dios castiga: Por tanto no menosprecies la corrección del Todopoderoso. Porque él es el que hace la llaga, y él la vendará: El hiere, y sus manos curan. En seis tribulaciones te librará, y en la séptima no te tocará el mal. En el hambre te redimirá de la muerte, y en la guerra de las manos de la espada. Del azote de la lengua serás encubierto; ni temerás de la destrucción cuando viniere. De la destrucción y del hambre te reirás, y no temerás de las bestias del campo: Pues aun con las piedras del campo tendrás tu concierto, y las bestias del campo te serán pacíficas. Y sabrán que hay paz en tu tienda; y visitarás tu morada, y no pecarás. Asimismo echarás de ver que tu simiente es mucha, y tu prole como la hierba de la tierra. Y vendrás en la vejez a la sepultura, como el montón de trigo que se coge a su tiempo. He aquí lo que hemos inquirido, lo cual es así: Oyelo, y juzga tú para contigo" (Job 5:17-27).

"Vuelves al hombre hasta ser quebrantado, y dices: Convertíos, hijos de los hombres. Porque mil años delante de tus ojos, son como el día de ayer, que pasó, y como una de las vigilias de la noche. Háceslos pasar como avenida de aguas; son como sueño; como la hierba que crece en la mañana: En la mañana florece y crece; a la tarde es cortada, y se seca. Los días de nuestra edad son setenta años; que si en

los más robustos son ochenta años, con todo su fortaleza es molestia y trabajo; porque es cortado presto, y volamos" (Salmo
90:3-6, 10).

"Porque así como en Adam todos mueren, así también en Cristo todos serán vi-
vificados. Mas cada uno en su orden: Cristo las primicias; luego los que son de Cristo, en su venida. Luego el fin; cuando entregará el reino a Dios y al Padre, cuando
habrá quitado todo imperio, y toda potencia y potestad. Porque es menester que él
reine, hasta poner a todos sus enemigos
debajo de sus pies. Y el postrer enemigo
que será deshecho, será la muerte" (1 Cor.
15:22-26).

"Por lo demás, hermanos míos, confor-
taos en el Señor, y en la potencia de su fortaleza. Vestíos de toda la armadura de Dios,
para que podáis estar firmes contra las
asechanzas del diablo. Porque no tenemos
lucha contra sangre y carne; sino contra
principados, contra potestades, contra se-
ñores del mundo, gobernadores de estas tinieblas, contra malicias espirituales en los
aires. Por tanto, tomad toda la armadura
de Dios, para que podáis resistir en el día
malo, y estar firmes, habiendo acabado
todo. Estad pues firmes, ceñidos vuestros
lomos de verdad, y vestidos de la cota de
justicia, y calzados los pies con el apresto
del evangelio de paz; sobre todo, tomán-
do el escudo de la fe, con que podáis apagar

todos los dardos de fuego del maligno. Y tomad el yelmo de salud, y la espada del Espíritu; que es la palabra de Dios; orando en todo tiempo con toda deprecación y súplica en el Espíritu, y velando en ello con toda instancia y suplicación por todos los santos" (Efesios 6:10-18).

"Estén ceñidos vuestros lomos, y vuestras antorchas encendidas; Y vosotros semejantes a hombres que esperan cuando su señor ha de volver de las bodas; para que cuando viniere y llamare, luego le abran. Bienaventurados aquellos siervos, a los cuales cuando el Señor viniere, hallare velando: de cierto os digo, que se ceñirá, y hará que se sienten a la mesa, y pasando les servirá. Y aunque venga a la segunda vigilia, y aunque **venga** a la tercera vigilia, y los hallare así, bienaventurados son los tales siervos. Esto empero sabed que si supiese el padre de familia a qué hora había de venir el ladrón, velaría ciertamente, y no dejaría minar su casa. Vosotros pues también, estad apercibidos; porque a la hora que no pensáis, el Hijo del hombre vendrá. Entonces Pedro le dijo: Señor, ¿dices esta parábola a nosotros, o también a todos? Y dijo el Señor: ¿Quién es el mayordomo fiel y prudente, al cual el señor pondrá sobre su familia, para que a tiempo les dé su ración? Bienaventurado aquel siervo, al cual, cuando el señor viniere, hallare haciendo así. En verdad os digo,

que él le pondrá sobre todos sus bienes."
(Lucas 12:35-44).

"Oíd, hijos, la doctrina de un padre, y estad atentos para que conozcáis cordura.
Porque os doy buena enseñanza; no des-
amparéis mi ley. Porque yo fui hijo de mi
padre, delicado y único delante de mi madre. Y él me enseñaba, y me decía: Man-
tenga tu corazón mis razones, guarda mis
mandamientos, y vivirás: Adquiere sabiduría, adquiere inteligencia; no te olvides
ni te apartes de las razones de mi boca;
no la dejes, y ella te guardará; ámala, y te
conservará. Sabiduría ante todo: adquiere
sabiduría: Y ante toda tu posesión adquiere inteligencia. Engrandécela, y ella te en-
grandecerá: Ella te honrará, cuando tú la
hubieres abrazado. Adorno de gracia dará
a tu cabeza: Corona de hermosura te entregará. Oye, hijo mío, y recibe mis razones;
y se te multiplicarán años de vida. Por el
camino de la sabiduría te he encaminado,
y por veredas derechas te he hecho andar.
Cuando anduvieres no se estrecharán tus
pasos; y si corrieres, no tropezarás. Ten el
consejo, no lo dejes; guárdalo, porque eso
es tu vida. Hijo mío, está atento a mis palabras; inclina tu oído a mis razones. No
se aparten de tus ojos; guárdalas en medio
de tu corazón. Porque son vida a los que
las hallan, y medicina a toda su carne. Sobre toda cosa guardada guarda tu corazón; porque de él mana la vida. Aparta de

ti la perversidad de la boca, y aleja de ti
la iniquidad de labios. Tus ojos miren lo
recto, y tus párpados en derechura delante
de ti. Examina la senda de tus pies, y todos
tus caminos sean ordenados. No te apartes
a diestra, ni a siniestra: Aparta tu pie del
mal" (Proverbios 4:1-13, 20-27).

"Empero acerca de los tiempos y de los
momentos, no tenéis, hermanos, necesidad
de que yo os escriba: Porque vosotros sabéis bien, que el día del Señor vendrá así
como ladrón de noche, que cuando dirán,
Paz y seguridad, entonces vendrá sobre
ellos destrucción de repente, como los do-
lores a la mujer preñada; y no escaparán.
Mas vosotros, hermanos, no estáis en tinieblas, para que aquel día os sobrecoja
como ladrón; porque todos vosotros sois hijos de luz, e hijos del día; no somos de la
noche, ni de las tinieblas. Por tanto, no
durmamos como los demás; antes velemos
y seamos sobrios. Porque los que duermen,
de noche duermen; y los que están borrachos, de noche están borrachos. Mas nosotros, que somos del día, estemos sobrios,
vestidos de cota de fe y de caridad, y la
esperanza de salud por yelmo. Porque no
nos ha puesto Dios para ira, sino para alcanzar salud por nuestro Señor Jesucristo; el cual murió por nosotros, para que
o que velemos, o que durmamos, vivamos
juntamente con él. Por lo cual, consolaos
los unos a los otros, y edificaos los unos a

los otros, así como lo hacéis" (1 Tesalonicenses 5:1-11).

"Y oí una voz del cielo que me decía: Escribe: Bienaventurados los muertos que de
aquí adelante mueren en el Señor. Sí, dice
el Espíritu, que descansarán de sus trabajos; porque sus obras con ellos siguen"
(Apocalipsis 14:13).

Lecturas Bíblicas para un Servicio Fúnebre de un Anciano

"Porque sabemos, que si la casa terrestre
de nuestra habitación se deshiciere, tenemos de Dios un edificio, una casa no hecha de manos, eterna en los cielos. Y por
esto también gemimos, deseando ser sobre-
vestidos de aquella nuestra habitación celestial; puesto que en verdad habremos sido
hallados vestidos, y no desnudos. Porque
asimismo los que estamos en este tabernáculo, gemimos agravados; porque no
quisiéramos ser desnudados, sino sobre-
vestidos, para que lo mortal sea absorbido
por la vida. Mas el que nos hizo para
esto mismo, es Dios; el cual nos ha dado
la prenda del Espíritu. Así que *vivimos* con-
fiados siempre, y sabiendo, que entre tanto que estamos en el cuerpo, peregrinamos
ausentes del Señor; (porque por fe andamos, no por vista;) mas confiamos, y más
quisiéramos partir del cuerpo, y estar presentes al Señor. Por tanto procuramos tam-

bién, o ausentes, o presentes, serle agrada-
bles: Porque es menester que todos nosotros
parezcamos ante el tribunal de Cristo, para
que cada uno reciba según lo que hubiere
hecho por medio del cuerpo, *ora* sea bueno o malo" (2 Cor. 5:1-10).

"Porque yo ya estoy para ser ofrecido, y
el tiempo de mi partida está cercano. He
peleado la buena batalla, he acabado la
carrera, he guardado la fe. Por lo demás,
me está guardada la corona de justicia, la
cual me dará el Señor, juez justo, en aquel
día; y no sólo a mí, sino también a todos los
que aman su venida" (2 Timoteo 4:6-8).

"Por lo cual, teniendo los lomos de vuestro entendimiento ceñidos, con templanza,
esperad perfectamente en la gracia que os
es presentada cuando Jesucristo os es manifestado: Como hijos obedientes, no con-
formándoos con los deseos que antes teníais
estando en vuestra ignorancia; sino como
aquel que os ha llamado es santo, sed también vosotros santos en toda conversación:
Porque escrito está: Sed santos, porque yo
soy santo. Y si invocáis por Padre a aquel
que sin acepción de personas juzga según
la obra de cada uno, conversad en temor
todo el tiempo de vuestra peregrinación:
Sabiendo que habéis sido rescatados de
vuestra vana conversación, la cual recibis-
teis de vuestros padres, no con cosas co-
rruptibles, *como* oro o plata; sino con la
sangre preciosa de Cristo, como de un cor-

dero sin mancha y sin contaminación: Ya
ordenado de antes de la fundación del mundo, pero manifestado en los postrimeros
tiempos por amor de vosotros, que por él
creéis a Dios, el cual le resucitó de los muertos, y le ha dado gloria, para que vuestra
fe y esperanza sean en Dios" (1 Pedro 1:13-
21).

"Corona de honra es la vejez, que se hallará en el camino de justicia" (Proverbios
16:31).

"¿No has sabido, no has oído que el Dios
del siglo es Jehová, el cual crió los términos
de la tierra? No se trabaja, ni se fatiga con
cansancio, y su entendimiento no hay quien
lo alcance. El da esfuerzo al cansado, y mul-
tiplica las fuerzas al que no tiene ningunas. Los mancebos se fatigan y se cansan,
los mozos flaquean y caen: Mas los que esperan a Jehová tendrán nuevas fuerzas;
levantarán las alas como águilas; correrán,
y no se cansarán; caminarán, y no se fa-
tigarán" (Isaías 40:28-31).

"Y acuérdate de tu Criador en los días
de tu juventud, antes que vengan los malos días, y lleguen los años, de los cuales
digas: No tengo en ellos contentamiento;
antes que se oscurezca el sol, y la luz, y la
luna y las estrellas, y las nubes se tornen
tras la lluvia: Cuando temblarán los guardas de la casa, y se encorvarán los hombres
fuertes, y cesarán las muelas, porque han
disminuído, y se oscurecerán los que miran

por las ventanas; y las puertas de afuera se cerrarán, por la bajeza de la voz de la muela; y levantaráse a la voz del ave, y todas las hijas de canción serán humilladas; *cuando* también temerán de lo alto, y los tropezones en el camino; y florecerá el almendro, y se agravará la langosta, y perderáse el apetito: porque el hombre va a la casa de su siglo, y los endechadores andarán en derredor por la plaza: Antes que la cadena de plata se quiebre, y se rompa el cuenco de oro, y el cántaro se quiebre junto a la fuente y la rueda sea rota sobre el pozo; y el polvo se torne a la tierra, como era, y el espíritu se vuelva a Dios que lo dio" (Ecclesiastés 12:1-7).

"Señor, tú nos has sido refugio en generación y en generación. Antes que naciesen los montes y formases la tierra y el mundo, y desde el siglo y hasta el siglo tú eres Dios. Vuelves al hombre hasta ser quebrantado, y dices: Convertíos, hijos de los hombres. Porque mil años delante de tus ojos, son como el día de ayer, que pasó, y como una de las vigilias de la noche. Háceslos pasar como avenida de aguas; son como sueño; como la hierba que crece en la mañana: en la mañana florece y crece; a la tarde es cortada, y se seca. Porque con tu furor somos consumidos, y con tu ira somos conturbados. Pusiste nuestras maldades delante de ti, nuestros yerros a la luz de tu rostro. Porque todos nuestros días declinan a causa de tu ira; acabamos nuestros años como un pensamiento. Los días de nuestro edad son setenta años; que si en los más robustos son ochenta años, con todo su fortaleza es molestia y trabajo; porque es cortado presto, y volamos. ¿Quién conoce la fortaleza de tu ira, y tu indignación según que debes ser temido? Enséñanos de tal modo a contar nuestros días. que traigamos al corazón sabiduría. Vuélvete, oh Jehová: ¿hasta cuándo? Y aplácate para con tus siervos. Sácianos presto de tu misericordia: Y cantaremos y nos alegraremos todos nuestros días. Alégranos conforme a los días que nos afligiste, y los años que vimos mal. Aparezca en tus siervos tu obra, y tu gloria sobre sus hijos. Y sea la luz de Jehová nuestro Dios sobre nosotros: Y ordena en nosotros la obra de nuestras manos, la obra de nuestras manos confirma" (Salmo 90).

Lecturas Bíblicas para el Servicio Fúnebre de una Anciana o Madre

"Entonces el Rey dirá a los que *estarán* a su derecha: Venid, benditos de mi Padre, heredad el reino preparado para vosotros desde la fundación del mundo: Porque tuve hambre, y me disteis de comer; tuve sed, y me disteis de beber; fuí huésped, y me recogisteis; desnudo, y me cubristeis; enfermo, y me visitasteis; estuve en la cárcel, y vinisteis a mí. Entonces los justos le responderán, diciendo: Señor, ¿cuándo te vimos hambriento, y te sustentamos? ¿o sediento, y te dimos de beber? ¿Y cuándo te vimos huésped, y te recogimos? ¿o desnudo, y te cubrimos? ¿O cuándo te vimos enfermo, o en la cárcel, y vinimos a ti? Y respondiendo el Rey; les dirá: De cierto os digo *que* en cuanto lo hicisteis a uno de estos mis hermanos pequeñitos, a mí lo hicisteis" (Mateo 25:34-40).

"Mujer fuerte, ¿quién la hallará? Porque su estima sobrepuja largamente a *la de* piedras preciosas. El corazón de su marido está en ella confiado, y no tendrá necesidad de despojo. Daréle ella bien y no mal, todos los días de su vida. Buscó lana y lino, y con voluntad labró de sus manos. Fue como navío de mercader: Trae su pan de lejos. Levantóse aun de noche, y dio comida a su familia, y ración a sus criadas. Consideró la heredad, y compróla; y plantó viña del fruto de sus manos. Ciñó sus lomos de fortaleza, y esforzó sus brazos. Gustó que era buena su granjería: Su candela no se apagó de noche. Aplicó sus manos al huso, y sus manos tomaron la rueca. Alargó su mano al pobre, y extendió sus manos al menesteroso. No tendrá temor de la nieve por su familia, porque toda su familia está vestida de ropas dobles. Ella se hizo tapices; de lino fino y púrpura es su vestido. Conocido es su marido en las puer-

tas, cuando se sienta con los ancianos de
la tierra. Hizo telas, y vendió; y dio cintas
al mercader. Fortaleza y honor son su vestidura; y en el día postrero reirá. Abrió su
boca con sabiduría: y la ley de clemencia
está en su lengua. Considera los caminos
de su casa, y no come el pan de balde. Le-
vantáronse sus hijos, y llamáronla bien-
aventurada; y su marido también la alabó.
Muchas mujeres hicieron el bien; mas tú
las sobrepujaste a todas. Engañosa es la
gracia, y vana la hermosura: La mujer que
teme a Jehová esa será alabada" (Proverbios 31:10-30).

"He aquí, bienaventurado es el hombre
a quien Dios castiga: Por tanto no menosprecies la corrección del Todopoderoso.
Porque él es el que hace la llaga, y *él* la
vendará: El hiere, y sus manos curan. En
seis tribulaciones te librará, y en la séptima
no te tocará el mal. En el hambre te redimirá de la muerte, y en la guerra de las
manos de la espada. Del azote de la lengua
serás encubierto; ni temerás de la destrucción cuando viniere. De la destrucción y
del hambre te reirás, y no temerás de las
bestias del campo: Pues aun con las piedras del campo tendrás tu concierto, y las
bestias del campo te serán pacíficas. Y sa-
brás que hay paz en tu tienda; y visitarás
tu morada, y no pecarás. Asimismo echarás
de ver que tu simiente es mucha, y tu prole como la hierba de la tierra. Y vendrás

en la vejez a la sepultura, como el montón de trigo que se coge a su tiempo" (Job 5: 17-26).

"Y vi un cielo nuevo y una tierra nueva: porque el primer cielo y la primera tierra se fueron, y el mar ya no es. Y yo Juan vi la santa ciudad, Jerusalem nueva, que descendía del cielo, de Dios, dispuesta como una esposa ataviada para su marido. Y oí una gran voz del cielo que decía: He aquí el tabernáculo de Dios con los hombres, y morará con ellos; y ellos serán su pueblo, y el mismo Dios será su Dios con ellos. Y limpiará Dios toda lágrima de los ojos de ellos; y la muerte no será más; y no habrá más llanto, ni clamor, ni dolor: porque las primeras cosas son pasadas. Y el que estaba sentado en el trono dijo: "He aquí, yo hago nuevas todas las cosas. Y me dijo: Escribe; porque estas palabras son fieles y verdaderas. Y díjome: Hecho es. Yo soy Alpha y Omega, el principio y el fin. Al que tuviere sed, yo le daré de la fuente del agua de vida gratuitamente. El que venciere, poseerá todas las cosas; y yo seré su Dios, y él será mi hijo" (Apocalipsis 21:1-7).

"Y la paz de Dios, que sobrepuja todo entendimiento, guardará vuestros corazones y vuestros entendimientos en Cristo Jesús. Al Dios pues y Padre nuestro *sea* gloria por los siglos de los siglos. Amén." (Filipenses 4:7, 20).

Servicio Fúnebre para los Inconversos

Lecturas Bíblicas:

"Venid a mí todos los que estáis traba-
jados y cargados, que yo os haré descan-
ser. Llevad mi yugo sobre vosotros, y apren-
ded de mí, que soy manso y humilde de corazón; y hallaréis descanso para vuestras
almas" (Mateo 11:28, 29).

"Tú pues, hijo del hombre, di a la casa de
Israel: Vosotros habéis hablado así, diciendo: Nuestras rebeliones y nuestros pecados
están sobre nosotros, y a causa de ellos somos consumidos: ¿cómo pues viviremos?
Diles: Vivo yo, dice el Señor Jehová, que no
quiero la muerte del impío, sino que se torne el impío de su camino, y que viva. Volveos, volveos de vuestros malos caminos:
¿y por qué moriréis, oh casa de Israel?"
(Ezequiel 33:10, 11).

"Mas en el postrer día grande de la fiesta, Jesús se ponía en pie y clamaba, diciendo: Si alguno tiene sed, venga a mí y beba"
(Juan 7:37).

Himno.

El Pastor dirá:

La Palabra de Dios abunda en esperanza y contiene inspiradoras instrucciones acerca de la vida eterna y cómo obtenerla. Oíd cómo Cristo salvó a un hombre perverso:

"Y uno de los malhechores que estaban colgados, le injuriaba, diciendo: Si tú eres el Cristo, sálvate a ti mismo y a nosotros. Y respondiendo el otro, reprendióle, diciendo: ¿Ni aun tú temes a Dios, estando en la misma condenación? Y nosotros, a la verdad, justamente *padecemos;* porque recibimos lo que merecieron nuestros hechos: mas éste ningún mal hizo. Y dijo a Jesús: Acuérdate de mí cuando vinieres a tu reino. Entonces Jesús le dijo: De cierto te digo, que hoy estarás conmigo en el paraíso" (Lucas 23:39-43).

Oíd lo que Cristo dijo a un abogado acerca de la salvación:

"Y había un hombre de los Fariseos que se llamaba Nicodemo, príncipe de los Judíos. Este vino a Jesús de noche, y díjole: Rabbí, sabemos que has venido de Dios por maestro; porque nadie puede hacer estas señales que tú haces si no fuere Dios con él. Respondió Jesús, y díjole: De cierto, de cierto te digo, que el que no naciere otra vez, no puede ver el reino de Dios. Dícele Nicodemo: ¿Cómo puede el hombre nacer siendo viejo? ¿puede entrar otra vez en el

vientre de su madre y nacer? Respondió
Jesús: De cierto, de cierto te digo, que el
que no naciere de agua y del Espíritu, no
puede entrar en el reino de Dios. Lo que es
nacido de la carne, carne es; y lo que es
nacido del Espíritu, espíritu es. No te ma-
ravilles de que te dije: Os es necesario nacer otra vez. El viento de donde quiere sopla, y oyes su sonido; mas ni sabes de dónde viene, ni a dónde vaya: así es todo aquel
que es nacido del Espíritu. Respondió Nicodemo, y díjole: ¿Cómo puede esto hacerse?
Respondió Jesús, y díjole: ¿Tú eres el maestro de Israel, y no sabes esto? De cierto, de
cierto te digo, que lo que sabemos hablamos, y lo que hemos visto, testificamos; y
no recibís nuestro testimonio. Si os he dicho
cosas terrenas, y no creéis, ¿cómo creeréis
si os dijere las celestiales? Y nadie subió
al cielo, sino el que descendió del cielo, el
Hijo del hombre, que está en el cielo. Y
como Moisés levantó la serpiente en el desierto, así es necesario que el Hijo del hombre sea levantado: Para que todo aquel
que en él creyere, no se pierda, sino que
tenga vida eterna. Porque de tal manera
amó Dios al mundo, que ha dado a su Hijo
unigénito, para que todo aquel que en él
cree, no se pierda, mas tenga vida eterna"
(Juan 3:1-16).

Oíd lo que Cristo Jesús dijo a un joven
rico:

"Y preguntóle un príncipe diciendo:

Maestro bueno, ¿qué haré para poseer la vida eterna? Y Jesús le dijo: ¿Por qué me llamas bueno? ninguno hay bueno sino sólo Dios. Los mandamientos sabes: No matarás: No adulterarás: No hurtarás: No dirás falso testimonio: Honra a tu padre y a tu madre. Y él dijo: Todas estas cosas he guardado desde mi juventud. Y Jesús, oído esto, le dijo: Aun te falta una cosa: vende todo lo que tienes, y da a los pobres, y tendrás tesoro en el cielo; y ven, sígueme. Entonces él, oídas estas cosas, se puso muy triste, porque era muy rico. Y viendo Jesús que se había entristecido mucho, dijo: ¡Cuán dificultosamente entrarán en el reino de Dios los que tienen riquezas! Porque más fácil cosa es entrar un camello por el ojo de una aguja, que un rico entrar en el reino de Dios. Y los que lo oían, dijeron: ¿Y quién podrá ser salvo? Y él *les* dijo: Lo que es imposible para con los hombres, posible es para Dios. Entonces Pedro dijo: He aquí, nosotros hemos dejado las posesiones nuestras, y te hemos seguido. Y él *les* dijo: De cierto os digo, que nadie hay que haya dejado casa, padres, o hermanos, o mujer, o hijos, por el reino de Dios, que no haya de recibir mucho más en este tiempo, y en el siglo venidero la vida eterna" (Lucas 18:18-30).

Por último, oíd una de las más hermosas parábolas de la Palabra de Dios:

"Y dijo: Un hombre tenía dos hijos; y el

menor de ellos dijo a su padre: Padre, da-
me la parte de la hacienda que me perte-
nece: y les repartió la hacienda. Y no muchos días después, juntándolo todo el hijo
menor, partió lejos a una provincia apar-
tada; y allí desperdició su hacienda viviendo perdidamente. Y cuando todo lo hubo
malgastado, vino una grande hambre en
aquella provincia, y comenzóle a faltar. Y
fue y se llegó a uno de los ciudadanos de
aquella tierra, el cual le envió a su hacienda para que apacentase los puercos. Y de-
seaba henchir su vientre de las algarrobas
que comían los puercos; mas nadie se *las*
daba. Y volviendo en sí, dijo: ¡Cuántos jor-
naleros en casa de mi padre tienen abundancia de pan, y yo aquí perezco de hambre! Me levantaré, e iré a mi padre, y le
diré: Padre, he pecado contra el cielo, y
contra ti; ya no soy digno de ser llamado
tu hijo; hazme como a uno de tus jornale-
ros. Y levantándose, vino a su padre. Y como aun estuviese lejos, vióle su padre y fue
movido a misericordia, y corrió, y echóse
sobre su cuello, y besóle. Y el hijo le dijo:
Padre, he pecado contra el cielo, y contra
ti, y ya no soy digno de ser llamado tu hijo.
Mas el padre dijo a sus siervos: Sacad el
principal vestido, y vestidle; y poned un
anillo en su mano, y zapatos en sus pies.
Y traed el becerro grueso, y matadlo, y comamos, y hagamos fiesta: Porque este mi
hijo muerto era, y ha revivido; habíase per-

dido, y es hallado. Y comenzaron a regocijarse. Y su hijo el mayor estaba en el campo; el cual como vino, y llegó cerca de casa, oyó la sinfonía y las danzas; y llamando a uno de los criados, preguntóle qué era aquello. Y él le dijo: Tu hermano ha venido; y tu padre ha muerto el becerro grueso, por haberle recibido salvo. Entonces se enojó, y no quería entrar. Salió por tanto su padre, y le rogaba *que entrase*. Mas él respondiendo, dijo al padre: He aquí tantos años te sirvo, no habiendo traspasado jamás tu mandamiento, y nunca me has dado un cabrito para gozarme con mis amigos: Mas cuando vino éste tu hijo, que ha consumido tu haciendo con rameras, has matado para él el becerro grueso. El entonces le dijo: Hijo, tú siempre estás conmigo, y todas mis cosas son tuyas. Mas era menester hacer fiesta y holgar*nos*, porque éste tu hermano muerto era, y ha revivido; habíase perdido, y es hallado" (Lucas 15:11-32).

Oración.

Himno.

Mensaje (breve)

Oración de despedida

Lecturas bíblicas. (Junto a la sepultura)

"Buscad a Jehová mientras puede ser hallado, llamadle en tanto que está cercano. Deje el impío su camino, y el hombre inicuo sus pensamientos; y vuélvase a Jehová, el cual tendrá de él misericordia, y al

Dios nuestro, el cual será amplio en perdonar" (Isaías 55:6, 7).

"Oidme, los que seguís justicia, los que buscáis a Jehová: mirad a la piedra de donde fuisteis cortados, y a la caverna de la fosa de donde fuisteis arrancados. Mirad a Abraham vuestro padre, y a Sara que os parió, porque solo lo llamé, y bendíjelo, y multipliquélo. Ciertamente consolará Jehová a Sión: consolará todas sus soledades, y tornará su desierto como paraíso, y su soledad como huerto de Jehová: hallarse ha en ella alegría y gozo, alabanza y voz de cantar" (Isaías 51:1-3).

"Y el Espíritu y la Esposa dicen: Ven. Y el que oye, diga: Ven. Y el que tiene sed, venga: y el que quiere, tome del agua de la vida de balde" (Apocalipsis 22:17).

"Tampoco, hermanos, queremos que ignoréis acerca de los que duermen, que no os entristezcáis como los otros que no tienen esperanza. Porque si creemos que Jesús murió y resucitó, así también traerá Dios con él a los que durmieron en Jesús. Por lo cual, os decimos esto en palabra del Señor: que nosotros que vivimos, que habremos quedado hasta la venida del Señor, no seremos delanteros a los que durmieron. Porque el mismo Señor con aclamación, con voz de arcángel, y con trompeta de Dios, descenderá del cielo; y los muertos en Cristo resucitarán primero: Luego nosotros, los que vivimos, los que quedamos, juntamente con ellos seremos arrebatados en las nubes a recibir al Señor en el aire, y así estaremos siempre con el Señor. Por tanto, consolaos los unos a los otros en estas palabras" (1 Tesalonicenses 4:13-18).

Oración de Despedida

Textos Apropiados para Sermones Fúnebres

(1 Cor. 13:12): "Ahora vemos por espejo, en obscuridad; mas entonces veremos cara a cara: ahora conozco en parte; mas entonces conoceré como soy conocido."

(Santiago 4:14): "Y no sabéis lo que será mañana. Porque ¿qué es vuestra vida? Ciertamente es un vapor que se aparece por un poco de tiempo, y luego se desvanece."

(Salmo 17:15): "Yo en justicia veré tu rostro: seré saciado cuando despertare a tu semejanza."

(Salmo 116:15): "Estimada es en los ojos de Jehová la muerte de sus santos."

(Apocalipsis 20:11-13): "Y vi un gran trono blanco y al que estaba sentado sobre él, de delante del cual huyó la tierra y el cielo; y no fue hallado el lugar de ellos. Y vi los muertos, grandes y pequeños, que estaban delante de Dios; y los libros fueron abiertos: y otro libro fue abierto, el cual es de la vida: y fueron juzgados los muertos por las cosas que estaban escritas en los libros, según sus obras. Y el mar dio los muertos que estaban en él; y la muerte y el infierno dieron los muertos que estaban en ellos; y fue hecho juicio de cada uno según sus obras."

(Juan 14:2): "En la casa de mi Padre muchas moradas hay: de otra manera os lo hubiera dicho: voy, pues, a preparar lugar para vosotros."

(Hebreos 9:27): "Y de la manera que está establecido a los hombres que mueran una vez, y después el juicio."

(Filipenses 1:23): "Porque de ambas cosas estoy puesto en estrecho, teniendo deseo de ser desatado y estar con Cristo, lo cual es mucho mejor."

(1 Cor. 15:26): "Y el postrer enemigo que será deshecho, será la muerte."

(Ecclesiastés 9:5): "Porque los que viven saben que han de morir: mas los muertos nada saben, ni tienen más paga; porque su memoria es puesta en olvido."

(Isaías 61:1): "El Espíritu del Señor Jehová es sobre mí, porque me ungió Jehová; hame enviado a predicar buenas nuevas a los abatidos, a vendar a los quebrantados de corazón, a publicar libertad a los cautivos, y a los presos abertura de la cárcel."

(2 Cor. 1:3, 4): "Bendito *sea* el Dios y Padre del Señor Jesucristo, el Padre de misericordias, y el Dios de toda consolación, el cual nos consuela en todas nuestras tribulaciones, para que podamos también nosotros consolar a los que están en cualquiera angustia, con la consolación con que nosotros somos consolados de Dios."

(2 Timoteo 1:10): "Mas ahora es manifestada por la aparición de nuestro Salvador Jesucristo, el cual quitó la muerte, y sacó a la luz la vida y la inmortalidad por el evangelio."

(Job. 14:14): "Si el hombre muriere, ¿volverá a vivir? Todos los días de mi edad esperaré, hasta que venga mi mutuación."

(Juan 10:10): "El ladrón no viene sino para hurtar, y matar, y destruir: yo he venido para que tengan vida, y para que la tengan en abundancia."

(Hebreos 10:16): "Y este es el pacto que haré con ellos después de aquellos días, dice el Señor: daré mis leyes en sus corazones, y en sus almas las escribiré."

(2 Cor. 5:5): "Mas el que nos hizo para esto mismo, es Dios; el cual nos ha dado la prenda del Espíritu."

(Salmo 90:12): "Enséñanos de tal modo a contar nuestros días, que traigamos al corazón sabiduría."

(Juan 1:4): "En él estaba la vida, y la vida era la luz de los hombres."

(Mateo 28:6): "No está aquí; porque ha resucitado, como dijo. Venid, ved el lugar donde fue puesto el Señor."

(Números 23:10): "¿Quién contará el polvo de Jacob, o el número de la cuarta parte de Israel? Muera mi persona de la muerte de los rectos, y mi postrimería sea como la suya."

(Apocalipsis 21:4): "Y limpiará Dios toda lágrima de los ojos de ellos; y la muerte no será más; y no habrá más llanto, ni clamor, ni dolor: Porque las primeras cosas son pasadas."

(Filipenses 4:13): "Todo lo puedo en Cristo que me fortalece."

(Salmo 27:5): "Porque él me esconderá en su tabernáculo en el día del mal; ocultaráme en lo reservado de su pabellón; pondráme en alto sobre una roca."

(Isaías 40:11): "Como pastor apacentará su rebaño; en su brazo cogerá los corderos, y en su seno los llevará; pastoreará suavemente las paridas."

(1 Cor. 15:58): "Así que hermanos míos amados, estad firmes y constantes, creciendo en la obra del Señor siempre, sabiendo que vuestro trabajo en el Señor no es vano."

(1 Juan 5:4): "Porque todo aquello que es nacido de Dios vence al mundo: y esta es la victoria que vence al mundo, nuestra fe."

(Amós 5:8): "*Miren* al que hace el Arcturo y el Orión, y las tinieblas vuelve en mañana, y hace oscurecer el día en noche; el que llama a las aguas de la mar, y las derrama sobre la haz de la tierra: Jehová es su nombre."

(Salmo 88:18): "Has alejado de mí el amigo y el compañero; y mis conocidos se esconden en la tiniebla."

(1 Tesalonicenses 4:13): "Tampoco, hermanos, queremos que ignoréis acerca de los que duermen, que no os entristezcáis como los otros que no tienen esperanza."

(Filipenses 3:20, 21): "Mas nuestra vivienda es en los cielos; de donde también esperamos al Salvador, al Señor Jesucristo; el cual transformará el cuerpo de nuestra bajeza, para ser semejante al cuerpo de su gloria, por la operación con la cual puede también sujetar a sí todas las cosas."

(1 Cor. 15:49): "Y como trajimos la imagen del terreno, traeremos también la imagen del celestial."

(1 Cor. 2:9,10): "Antes, como está escrito: Cosas que ojo no vió, ni oreja oyó, ni han subido en corazón de hombre, *son* las que ha Dios preparado para aquellos que le aman. Empero Dios nos *lo* reveló a nosotros por el Espíritu: porque el Espíritu todo lo escudriña, aun lo profundo de Dios."

(Mateo 25:34): "Entonces el rey dirá a los que estarán a su derecha: venid, benditos de mi Padre, heredad el reino preparado para vosotros desde la fundación del mundo."

(Apocalipsis 1413): "Y oí una voz del cielo que me decía: Escribe: Bienaventurados los muertos que de aquí adelante mueren en el Señor. Sí, dice el Espíritu, que descansarán de sus trabajos; porque sus obras con ellos siguen."

(Apocalipsis 7:14): "Y yo le dije: Señor, tú lo sabes. Y él me dijo: Estos son los que han venido de grande tribulación, y han lavado sus ropas, y las han blanqueado en la sangre del Cordero."

(Hebreos 12:5, 6): "Y estáis ya olvidados de la exhortación que como con hijos habla con vosotros, *diciendo:* Hijo mío, no menosprecies el castigo del Señor, ni desmayes

cuando eres de él reprendido. Porque el
Señor al que ama castiga, y azota a cualquiera que recibe por hijo."

(Salmo 23:4): "Aunque ande en valle de
sombra de muerte, no temeré mal alguno;
porque tú estarás conmigo: tu vara y tu
cayado me infundirán aliento."

(Mateo 19:14): "Y Jesús dijo: Dejad a
los niños, y no les impidáis de venir a mí;
porque de los tales es el reino de los cielos."

(Marcos 10:14): "Y viéndolo Jesús, se
enojó, y les dijo: Dejad los niños venir, y
no se lo estorbéis; porque de los tales es el
reino de Dios."

(2 Samuel 12:23): "Mas ahora que ya es
muerto, ¿para qué tengo de ayunar? ¿podré yo hacerlo volver? Yo voy a él, mas él
no volverá a mí."

(Lucas 8:52): "Y lloraban todos, y la pla-
ñían. Y él dijo: No lloréis; no es muerta,
sino que duerme."

(Salmo 37:37): "Considera al íntegro, y
mira al justo: Que la postrimería de cada
uno de ellos es paz."

(2 Cor. 5:1): "Porque sabemos, que si la
casa terrestre de nuestra habitación se deshiciere, tenemos de Dios un edificio, una
casa no hecha de manos, eterna en los cielos."

Poemas y Meditaciones

¡Muerte!

Muerte física es la separación del espíritu del cuerpo. Muerte espiritual es la separación eterna de los no redimidos, de la presencia de Dios.

Hay una orden de monjas que se saludan de la siguiente manera: "Hermanas, hemos nacido para morir." Hay también una orden de monjes, *Los Cavadores de Sepulcros,* y los que pertenecen a esta orden sacan una palada de tierra cada día y así van dando forma al sepulcro donde serán enterrados al morir. Ellos recuerdan todos los días que el fin de esta vida es el sepulcro.—César dijo ante el senado romano: "Si hay algo más allá de la muerte, no lo sé; si hay algo más allá de la tumba, no lo puedo decir." —Creo que esta es una manera pesimista de considerar el sepulcro y la muerte, porque muchas veces se ha dicho que para el cristiano el sepulcro y la muerte son sólo el fin de todas las tristezas, de todas las congojas, de todos los pesares; el fin del llanto, del dolor y de las enfermedades. Sí, la muerte para el cris-

tiano es la terminación de todas las penas
que nos acongojan y el principio de una
vida gloriosa y eterna en Cristo Jesús; pero para el no redimido, para el impío, la
muerte es apenas el principio de los dolo-
res eternos que le esperan en el infierno.
Para el cristiano la muerte y el sepulcro no
tienen ningún terror. Podemos decir juntamente con el apóstol Pablo: "¿Dónde está,
oh muerte, tu aguijón? ¿Dónde, oh sepulcro, tu victoria?"

—*Leobardo Estrada Cuesta*

Eternidad

¿Qué es la eternidad? Se ha dicho que si
un pajarito viniera a la tierra cada millón
de años, y cada vez se llevara un granito
de arena en su pico, cuando hiciera los
suficientes viajes para llevarse toda la arena y toda la tierra del planeta en que vivimos, entonces apenas habría principiado
la eternidad. — La eternidad incluye el
antiquísimo pasado, el presente y el des-
conocido futuro. Lo que nosotros llamamos
tiempo, es sólo un punto infinitesimal en
el vasto océano sin orillas de la eternidad.

El rey y poeta mexicano Netzahualcóyotl,
creía en la eternidad e inmortalidad del
alma. En un banquete celebrado en la Gran
Tenochtitlán, ahora Ciudad de México, le-
yó un hermoso poema. En él encontramos
estas palabras:

"Aspiremos, oh nobles texcucanos,
a la vida inmortal del alto cielo;
La materia perece entre gusanos
Pero el alma hacia Dios levanta el vuelo."

La lógica cristiana nos dice que así como el hambre exige alimento y la sed exige agua, así el alma exige lo eterno. Cristo es el único que puede satisfacer los deseos de las cosas eternas de nuestro espíritu. El es la fuente de la Vida Eterna. "De tal manera amó Dios al mundo, que ha dado a su Hijo unigénito, para que todo aquel que en él cree, no se pierda, mas tenga *vida eterna*" (Juan 3:16).

—*Leobardo Estrada Cuesta*

Tú

Señor, Señor, Tú antes, Tú después, Tú en
    la inmensa hondura del vacío y en la
    hondura interior;
Tú en la aurora que canta y en la noche
    que piensa;
Tú en la flor de los cardos y en los cardos
    sin flor.

Tú en el cenit a un tiempo y en el nadir;
Tú en todas las transfiguraciones y en
    todo padecer;
Tú en la capilla fúnebre y en la noche de
    bodas;
Tú en el beso primero y en el beso postrer.

Tú en los ojos azules y en los ojos obscuros;
Tú en la frivolidad quinceañera, y también

En las graves ternezas de los años maduros;
Tú en la más negra sima y en el más alto
        edén.
Si la ciencia engreída no te ve, yo te veo;
Si sus labios te niegan, yo te proclamaré.
Por cada hombre que duda, mi alma grita:
        "Yo creo"
¡Y con cada fe muerta se agiganta mi fe!
—*Amado Nervo*

Me Marcharé

Me marcharé, Señor, alegre y triste;
Mas resignado cuando al fin me hieras.
Si vine al mundo porque Tú quisiste,
¿No he de partir sumiso, cuando quieras?
    Un torcedor tan sólo me acongoja,
y es haber preguntado el pensamiento
sus porqués a la Vida... ¡Mas la hoja
quiere saber, dónde la lleva el viento!
Hoy, empero, ya no pregunto nada:
Cerré los ojos, y mientras el plazo
llega en que se termine la jornada,
mi inquietud se adormece en la almohada
de la resignación, en tu regazo.
—*Amado Nervo*

En Alta Noche

Señor, Señor, los mares de la idea
Tienen también sus rudas tempestades,
Mi espíritu en la sombra titubea
Como Pedro en el mar de Tiberiades.

Hierven las aguas en que yo navego,
Mi pobre esquife a perecer se avanza:
Tú, que la luz le devolviste al ciego
Devuélvela a mi fe y a mi esperanza.

Surge, surge, Jesús, porque la vida
Ágil se escapa de mis brazos flojos
Y el alma sin calor desfallecida,
Muy lentamente cierra ya los ojos.

Aparece en la inmensa noche obscura,
Las conciencias te llaman, están solas;
Y pasa con tu blanca vestidura
Serenando Tú, el tumulto de las olas.

—*Manuel Gutiérrez Nájera*

El Salmo de la Vida

¡Ah! ¡No!, no me digas con voz doliente
    Que la vida es un sueño:
Que el alma muere donde el cuerpo acaba,
    Que es nuestro fin incierto.
Polvo que vuelve al polvo en la existencia
    Funesta para el cuerpo;
Pero el alma que es luz, en luminosa
    Región busca su centro.
Placeres y amarguras no son sólo
    De la existencia objeto;
La vida es acción viva, afán perenne . . .
    La vida es lucha, es duelo.
La obra del hombre es lenta; el tiempo huye
    Rápido como el viento;

Y el corazón la marcha del combate
    Sigue siempre batiendo.
¡Alerta! en la batalla de la vida
    Reposar un momento
Es torpe cobardía: la victoria
    Es hija del esfuerzo.
Da un adiós al pasado, y del mañana
    No busques los destellos;
Pon la esperanza en Dios, mira el presente,
    Y lucha con denuedo.
La historia nos lo dice: la constancia,
    El valor y el talento
Engrandecen al hombre. — ¡Fe y audacia!
    ¡También grandes seremos!
Y más tarde, ¡Quién sabe si otro hermano
    Al cual agobie el peso
Del infortunio, revivir se sienta
    ¡Siguiendo nuestro ejemplo!
Trabajar es luchar. ¡A la obra, a la obra,
    Sin desmayar, obreros!
Grabemos esta máxima en el alma:
    Trabajar ... y Esperemos.

Enrique Wadsworth Longfellow

Lo he de Ver

¡Lo he de ver! Cuándo, no sé.
País del horizonte inmenso;
¿Dó hallaré su oculto ascenso?
¿El trono cuándo miraré?

Que no lo sepa vale más;
Veloz el tiempo transcurrido;
Al fin su rostro amante viendo,
Tendré reposo, tendré paz.

La vida va que antes viene;
Las flores tras los fríos brotan;
Las dichas al dolor derrotan,
Y cada mal remedio tiene.

No importan unos años más;
Yo sé que sobre aquella playa
Un alba reluciente raya,
Y yo veré de Dios la faz.

(Coro)

¡Allí veré su faz divina!
¡Allí veré su faz amante!
Con los que han ido por delante
El me dará perfecta paz.

Salvo por Gracia

Alguna vez podré faltar
Con mi presencia en esta grey,
Mas, ¡oh, qué gozo al despertar
En el palacio de mi Rey!

Alguna vez, la muerte atroz
Vendrá, mas cuándo, no lo sé;
Mas esto sé, que con mi Dios
Morada en gloria yo tendré.

Alguna vez, yo como el sol,
Mi ocaso y fin tendré también;
Mas me dirá mi Salvador:
"Mi siervo fiel, conmigo ven."

Ven Alma que Lloras

Ven, alma que lloras, ven al Salvador,
En tus tristes horas dile tu dolor,
Dile, sí, tu duelo; ven tal como estás,
Habla sin recelo; y no llores más.

Toda tu amargura di al Cristo fiel,
Penas y tristura descarga en El.
En su tierno seno asilo hallarás;
Ven, que al pobre es bueno, y no llores más.

Meditad en que Hay un Hogar

Meditad en que hay un hogar,
En la margen del río de luz,
Donde van para siempre a gozar
Los creyentes en Cristo Jesús.

Meditad en que amigos tenéis
De los cuales marchamos en pos,
Y pensad en que al fin los veréis
En el alto palacio de Dios.

En que mora Jesús, meditad,
Donde seres que amamos están,
Y a la patria bendita volad
Sin angustias, temores ni afán.

Reunido a los míos seré,
Mi carrera su fin toca ya;
En mi hogar celestial entraré
Do mi alma reposo tendrá.

No Existe Tristeza en el Cielo

No existe tristeza en el cielo,
Ni llanto ni amargo dolor.
No habrá decepción, muerte ni duelo
En el reino del Padre de amor.
Las nubes de nuestro horizonte
Allí no se agolpan jamás,
El Sol en su gloria esplendente
Esparce consuelo y solaz.

No existe aflicción en el cielo,
Lamentos allí nunca habrá.
El alma que en Cristo reposa,
Segura en Su seno estará.
No habrá desconsuelo en la gloria,
Ni sombras que inspiren terror,
La gloria de Dios siempre alumbra
La eterna ciudad de esplendor.

Cuán dulce ha de ser en el cielo,
Pasadas las penas aquí,
Al vernos por siempre reunidos
Con nuestros amados allí.
En aquellas hermosas moradas,
Qué dulce consuelo ha de ser
Estar en presencia de Cristo,
Gozando de eterno placer.

La Vida

*(Pedro Buenaventura Metastasio, famoso
poeta italiano que vivió de 1698 a 1782,
en los versos que siguen expresa su pe-
simismo y presenta los aspectos desagra-
bles de la vida, los cuales terminan "cuando la muerte llega.")*

¿Por qué la vida nos parece bella?
¿Qué placer nos ofrece mientras dura,
Si no hay edad ni condición en ella
Que dolor no se vuelva y amargura?

Niños, un ademán nos intimida;
Juguete somos en la edad florida
De la fortuna y del amor insano;
Y al fin, cubiertos de cabello cano,
Abrumados gemimos
Al peso de los años que vivimos.

Ya el ansia de adquirir nos atormenta,
Ya el temor de perder nos pone susto:
Lid continua y violenta
Entre sí tienen siempre los malvados,
Y perdurable lid también sustenta
Contra la envidia y la falacia el justo.

Fantasmas engendrados
Por loca fantasía,
Sueño, delirio son nuestros cuidados;
Y cuando al cabo con vergüenza un día
Se desengaña nuestra mente ciega,
Entonces es cuando la muerte llega.

—*Pedro Buenaventura Metastasio*

Vanidad de Vanidades

*(El poeta colombiano Julio Arboleda, que
vivió de 1817 a 1862, después de hablar
de antiguas civilizaciones que se extin-
guieron, a las cuales considera como "Vanidad de Vanidades," declara que sólo "la
virtud no muere..." De tal composición
sólo insertamos dos sonetos).*

¡Infeliz del que busca en la apariencia
La dicha, y en la efímera alabanza,
Y muda de opinión con la mudanza
De la versátil, pública conciencia!

El presente es su sola providencia;
Cede al soplo del viento que le lanza
Al bien sin fe y al mal sin esperanza;
Que en errar con el mundo está su ciencia.

¡Y feliz el varón independiente
Que, libre de mundana servidumbre,
Aspira entre dolor y podredumbre

A la eterna verdad, no a la presente,
Conociendo que el mundo y sus verdades
Son sólo vanidad de vanidades.

-o-

¡Oh! Todo es vanidad: Dios sólo sabe
Glorificar al hombre que ha creado;
Puede del ancho espacio ser borrado
Del orbe, al son de su palabra grave;

Mas cerneráse el Justo, como el ave
Revoloteando sobre el ponto airado,
Por encima del mundo desquiciado,
En que la misma vanidad no cabe.

Imperios, mundos, creaciones pasan,
Como pasan vibrando por el campo,
Sin dejar huella, el repentino lampo

De aquellos fuegos que el espacio abrasan:
Mas la virtud no muere ni se olvida;
Que Dios le da su eternidad por vida.

—*Julio Arboleda*

Junto a la Cuna

*(El poeta inglés Tomás Hood, que vivió de
1798 a 1845, describe la agonía de una
niña, que al fin muere en la noche, y para quien hay "otra aurora distinta de
la nuestra...")*

Velamos por la noche
De su aliento pendientes
Que a ratos nos parece que se extingue,
Que alborotado a ratos nos parece.
Creemos que en el pecho de la niña
Avanza y retrocede
Su vida vacilante, cual la ola,
Alternativamente.

Hablamos en voz baja,
Pisamos quedamente,
Y sostener queremos, con toda nuestra vida,
La lucha con la muerte.

El temor engañaba a la esperanza;
Ahora el temor a la esperanza cede...
Confundimos la muerte con el sueño...
¡Confundimos el sueño con la muerte!

Cuando la fría luz de la mañana,
Que envuelta entre neblinas aparece,
Va a iluminar los ojos de la muerta,
A la luz ya cerrados para siempre,
Otra aurora distinta de la nuestra
Para la buena niña resplandece.

—*Tomás Hood*

— — ☼ — —

Nada te turbe;
nada te espante;
todo se pasa;
Dios no se muda,
la paciencia todo lo alcanza.

Quien a Dios tiene,
nada le falta.
Sólo Dios basta.

—*Teresa de Jesús*

La Vida Pasa

Señor, Señor, la efímera existencia
se pasa con presteza, perece cual la flor;
¿y quién podrá ser puro y acepto en tu presencia
si el hombre sólo sabe de culpa y de dolor?

¿Qué humana criatura tu rostro sacrosanto
con límpida mirada podrálo contemplar?
¿y quién hasta tu oído el fervoroso canto
de la oración solemne y humilde hará llegar?

Tan sólo el que confía, en ti, Señor eterno,
tan sólo aquel que espera en ti con devoción
sabiendo que a tu lado hay gozo sempiterno
y no hacen su morada el llanto y la aflicción.

¡Oh Dios omnipotente, eterno Rey de gloria!,
alumbra mi camino, sostén siempre mi pie,
hasta aquel día grande de la final victoria
cuando a tus plantas llegue salvado por la
fe.

—*Domingo C. Mansilla*

Oración

¡Oh terrible Dios y fuerte!
¡Oh vida sin fin medida!
Tú das fin a nuestra muerte,
y vida con que despierte
de la muerte dolorida.

Por ende, mi redención,
ruégote que Tú me quites
la losa del corazón,
porque Tú, mi salvación,
de muerte lo resucites.

—*Juan Padilla el Cartujano*

Duerme, Alma Mía

Duerme, alma mía, duerme,
duerme y descansa,
duerme en la vieja cuna
de la esperanza;
duerme!

Mira, el Sol de la noche,
padre del alba,
por debajo del mundo
durmiendo pasa;
duerme.

Duerme sin sobresaltos
duerme, mi alma;
puedes fiarte al sueño,
que estás en casa;
duerme!

Tú que la vida sufres
acongojada,
a sus pies tu congoja
deja dejada;
duerme!

"Y si de este mi sueño
do despertara..."
Esa congoja sólo
durmiendo pasa;
duerme!

"Tiemblo ante el sueño lúgubre
que nunca acaba..."
Duerme y no te acongojes

que hay un mañana;
duerme!

Duerme, mi alma, duerme,
rayará el alba;
duerme, mi alma, duerme,
vendrá mañana...
duerme!

—*Miguel de Unamuno*

Lo que Vos Queráis, Señor

Lo que Vos queráis, Señor,
sea lo que Vos queráis.

Si queréis que entre las rosas,
ría hacia los matinales
resplandores de la vida,
sea lo que Vos queráis.

Si queréis que, entre los cardos,
sangre hacia las insondables
sombras de la noche eterna,
sea lo que Vos queráis.

Gracias si queréis que mire,
gracias si queréis cegarme;
gracias por todo y por nada;
sea lo que Vos queráis.

Lo que Vos queráis, Señor,
sea lo que Vos queráis.

—*Juan Ramón Jiménez*

Descansa

¡Descansa,... duerme... joven soñadora!
Mientras la luz se extingue aquí, reclina
Tu faz pálida de ave peregrina
En el seno de un mundo que te adora.

Cierra esos ojos negros, porque en ellos,
Cual en un lago terso se reflejan
La impresión que al morir aquí nos dejan
Del mundo espiritual, vagos destellos.

Cierra,... Cierra esos ojos. Duerme...
    Calla.
En el sueño sin fin de lo inefable
Y al rumor fragoroso de otra playa.

Al cruzar la región imperturbable,
El correrá la lóbrega pantalla.
Te bañará su luz inmarchitable.

                              —*Ismael M. García*

La Metamorfosis

Nieva... Caen los cristales en la desierta
    torre.
La luz entre ias sombras espesas, agoniza.
El viento gemebundo del tiempo vuela, co-
    rre.
    La savia de la vida fugaz se paraliza.

Atardece... Atardece... Ya el fin de la
    jornada

Se acerca. Trastumbamos la gran cumbre
    empinada.
Vamos por la pendiente con el alma tran-
    sida.
Descendemos, corriendo, la cuesta de la
    vida.

El alma misteriosa de la inacción sombría
Envuelve los inmensos océanos de la vida;
Marchita con su soplo glacial la alegría.
La existencia, agostada, cae a sus plantas
    rendida.

¡Oh, milagro bendito! ¡Divina operación!
¡Proceso inescrutable de esa renovación!
Nacemos y vivimos, para agonizar viejos.
¡Morimos, indecisos, para nacer añejos!

—Ismael M. García

Almas Libres

¡Cómo se van, oh Cristo! ¡Cómo agitan
Las ánimas sus alas conturbadas,
Entre espumosas nubes nacaradas,
Rumbo al palacio que otras mil habitan!

¡Miradlas como avanzan silenciosas
Allá, en la inmensidad de azul remoto!
De un lejano país, celeste, ignoto,
Buscando van las cumbres luminosas.

¿A dónde van? ¿Qué lóbrego paraje
Les aguarda al final de su jornada?
¿Qué atracción sin igual tiene el miraje

Al mantener su vista enajenada?
¡Ah! Divisan el mágico paisaje
De una tierra bendita, deseada.

—*Ismael M. García*

La Esperanza

Es la esperanza pura del hombre peregrino
Compañera celeste en su largo camino.

Quien en el alma lleva la Esperanza divina
Ve surgir del crepúsculo la estrella matu-
tina,
Y a su ruta la aurora del mañana ilumina.

Pues esa lumbre mágica, radiante y mi-
lagrosa,
Convierte negra noche en alborada rosa,

Las piedras de la senda transmuta en lú-
cido oro,
En ópalos y perlas purísimas del lloro
las lágrimas, las penas en místico tesoro.

Y a quien dulce Esperanza presta su luz por
guía
Jamás en su camino le falta eterno día.

—*Blanca C. de Hume*

La Amistad Divina

Muchos amigos en la vida humana
Brindan al hombre grata compañía,
Mas aunque le olvidara el alma hermana,
Aunque a sus tristes ojos luz un día
Faltara, y su esperanza fuera vana,

Siempre un Amigo tiene, que al vencido
Tiende la mano, alzándole; la puerta
Al alma rota, al corazón herido,
Y a cuantos llamen, tiene siempre abierta;
Toda la pena humana ha compartido.

Hay Uno cuyo inmenso amor, sagrado,
Todo lo entiende, y todo lo perdona
Al pecador por quien su vida ha dado;
Que nunca a sus amigos abandona...
"Amigos," dijo el Cristo, "os he llamado."

—*Blanca C. de Hume*

¡Yo Tenía una Madre!

¡Yo tenía una madre
tan serena, tan pulcra, tan afable,
humilde y resignada,
que junto a ella, con placer, veía
que su alma traslucía,
al hundir la mirada en su mirada!

¡Yo tenía una madre
honesta, generosa, respetable,
amante de sus hijos!
y yo, último retoño de su vida,
amada, consentida,
disfruté sus cuidados muy prolijos.

¡Yo tenía una madre
tolerante, modesta, culta, suave! ...
mas ¿qué digo? la tengo todavía
porque ella vivirá mientras yo viva,
en el recuerdo amable
y dentro el alma que en mi pecho anida.
Sí ¡vive todavía!

—*Raquel Español*

(Selecciones de las Coplas de Jorge Manrique)

Nuestras vidas son los ríos
Que van a dar a la mar,
Que es el morir;
Allí van los señoríos
Derechos a se acabar
Y consumir;
Allí los ríos caudales,
Allí los otros medianos
Y más chicos,
Allegados, son iguales,
Los que viven por sus manos
Y los ricos.

Dejo las invocaciones
de los famosos poetas
y oradores;
no curo de sus ficciones
que traen yerbas secretas
sus sabores.
A Aquél solo me encomiendo,
Aquél solo invoco yo
de verdad,
que en este mundo viviendo,
el mundo no conoció
su deidad.

Este mundo es el camino
para el otro, qu'es morada
sin pesar;
mas cumple tener buen tino
para andar esta jornada
sin errar.
Partimos cuando nacemos,
andamos mientras vivimos,
y llegamos
al tiempo que fenecemos;
así que morimos
descansamos.

Este mundo bueno fue
si bien usásemos d'el
como debemos;
porque, según nuestra fe,
es para ganar aquel
que atendemos.
Y aun el Hijo de Dios,

para subirnos al cielo,
descendió
a nacer acá entre nos
y vivir en este suelo
do murió.

Tú que por nuestra maldad
tomaste forma civil
y bajo nombre;
Tú que en tu divinidad
juntaste cosa tan vil
como el hombre:
Tú que tan grandes tormentos
sufriste sin resistencia
en tu persona,
no por mis merecimientos,
mas por tu sola clemencia,
me perdona.

Así, con tal entender,
todos sentidos humanos
conservados,
cercado de su mujer,
de hijos y de hermanos
y criados,
dio el alma a quien se la dio
(el cual la ponga en el cielo
y en su gloria),
y aunque la vida murió,
nos dejó harto consuelo
su memoria.

—*Jorge Manrique*